青野原俘虜収容所の世界

第一次世界大戦とオーストリア捕虜兵

目次

1 青島攻略と捕虜の発生

青島攻略

一九一四年六月二十八日、ボスニアの軍事演習を視察したオーストリア＝ハンガリーの帝位継承者フランツ・フェルディナントは、ボスニアの州都サラエヴォでボスニア出身のセルビア系青年に暗殺された。暗殺の背後にセルビア政府が存在すると考えたオーストリア＝ハンガリーは、ドイツの支持を取りつけて、セルビアに対し七月二十八日に宣戦を布告した。のちに第一次世界大戦と呼ばれるようになった戦争が始まった。

そのときオーストリア＝ハンガリー側で参戦したドイツは、一八九八年に中国山東《さんとう》半島の膠州湾《こうしゅうわん》一帯を租借し、青島《チンタオ》に要塞を築き、港湾を建設していた。青島港は一九〇九年には中国第二の国際港に発展した。日本から見て青島のドイツ軍の存在は、中国政策を推進するうえでの大きな障害だった。大戦が始まって、日本と同盟関係にあるイギリスが対ドイツ戦に加わったことは、日本にとってこの障害を除去するチャンスだった。イギリスは日本側の企図に疑念を抱いていたが、ドイツ極東艦隊の駆逐に限定して、日本の参戦を期待した。しかし日本側はそれに留まらず、あくまで青島攻略を主張し、イギリスも青島攻略に共同参加することで日本を牽制することができると考えて、それを受け入れた。日本は八月十五日に、「青島還付」と「支那海よりの独艦の引揚げ」を内容とする最後通牒《つうちょう》をドイツ側に示し、二十三日に宣戦を布告した。

日本陸軍の青島攻撃部隊は、久留米の第一八師団を中心に参加総数五万一七〇〇人、イギリス陸軍の参加兵力は一三九〇人であった。対するドイツ側は総兵力五〇〇〇人で、本国からの救援も期待できなかったから、指揮官のヴァルデック総督は、名誉が保てるところまで抵抗し、無用の死傷者の出ない段階で降伏する目論見《もくろみ》だった。日本軍は膠州湾を封鎖してドイツ海軍の動きを封じたあと、青島郊外の龍口《りゅうこう》、浮山《ふざん》に上陸し、モルトケ・ビスマルク・イルチス三山に拠るドイツ軍を包囲した。総攻撃は十月三十一日から開始され、モルト

青島港封鎖のため
ドイツ軍が沈めて設置した汽船

ケ・ビスマルク・イルチス三山を守るかたちで配備された五つの堡塁《ほうるい》に重砲弾を集中的に浴びせた。ドイツ側は十一月五日までに砲弾を撃ちつくす堡塁も現れ、七日早朝には全堡塁が降伏し、モルトケ・ビスマルク・イルチス三山は大きな抵抗もなく降伏した。

ドイツ、オーストリア＝ハンガリー側の戦死者数は二一〇名、捕虜は四六八九人に達した。本書で取り上げる青野原《あおのがはら》俘虜《ふりょ》収容所《しゅうようじょ》にはそのうち最大時四八九名が収容されていたが、その最大の特徴はオーストリア＝ハンガリー兵が多かったことである。青野原にはオーストリア＝ハンガリー兵が二三〇余名収容され、数で言えばドイツ兵のほうが多かったが、日本で収容されたオーストリア＝ハンガリー兵約三〇〇名のうち八割くらいが青野原に収容された。オーストリア＝ハンガリー兵の多くは、青島陥落より五日前(十一月二日)に自沈していたオーストリア＝ハンガリー海軍の巡洋艦カイゼリン・エリーザベト号の乗組員だった。ここでカイゼリン・エリーザベト号を中心に、日本とオーストリア＝ハンガリーの関係を見てみよう。

ビスマルク山南の砲台

巡洋艦「カイゼリン・エリーザベト」

オーストリア海軍の巡洋艦「カイゼリン・エリーザベト」は、一九一三年秋から東アジア海域の常駐艦として任務に就いていた。一九一四年三月六日、「カイゼリン・エリーザベト」は乗組員が「母港」と呼ぶ長崎港にはいり、その後初めて別府を訪れたあと三月二十三日神戸港にはいり、四月十七日まで留まった。「神戸はミナト川によって二分されていたが、その東側は瀟洒《しょうしゃ》な町並みで、日本の近代都市を代表していた。市電網が発達してどこに行くにも便利だったし、力車引きも暇を持て余すようなことはなかった」と乗組員の一人は回想している。四月十九日には横浜に入港し、その後四日市、鹿児島をへて日本海域を離れて五月二十二日に上海に入港した。

オーストリア＝ハンガリーの帝位継承者フランツ・フェルディナントがサラエヴォでセルビア系の青年に暗殺された六月二十八日には、「カイゼリン・エリーザベト」は芝罘《しふ》にあった。フランツ・フェルディナントが一八九〇年代の初めに世界周航をしたときにお供をしたのが「カイゼリン・エリーザベト」であり、そんな縁もあって「カイゼリン・エリーザベト」はフランツ・フェルデイナントの死を悼んで半旗を掲げた。

対セルビア戦争の予想が高まるなか、七月二十二日に「カイゼリン・エリーザベト」は同盟国ドイツの租借地青島に入港した。七月二十八日にオーストリア＝ハンガリーはセルビアに対して最後通牒を発し、総動員令を布告した。それぞれの軍事同盟に応えるかたちでロシアがセルビア側で、ドイツがオーストリア＝ハンガリー側で参戦し第一次世界大戦が始まった。日本は八月十五日にドイツに対して、最後通牒を示し、二十三日に宣戦を布告することになる。

このとき「カイゼリン・エリーザベト」は微妙な立場にあった。ドイツはヨーロッパでオーストリア＝ハンガリーの同盟国として参戦し、そのドイツに対して日本は宣戦を布告したが、オーストリア＝ハンガリーと日本のあいだには直接の係争問題はなかった。日本とオーストリア＝ハンガリーの外交当局はお互いに交戦状態にはいることを望まず、「カイゼリン・エリーザベト」を武装解除することで合意した。

八月二十四日早朝から「カイゼリン・エリーザベト」の武装解除が始まった。武器弾薬は船から降ろされ、乗組員たちは武器の携行を許されず、背嚢《はいのう》とハンモックを担いで下船した。乗組員たちは午後六時の汽車で天津《てんしん》に向かった。八月二十六日朝十時に、青島にまだ停泊していた「カイゼリン・エリーザベト」に乗組員が無事天津に到着したという一報がはいった。ところがその直後にウィーンから届いた訓令で事態は一八〇度転回することになる。この訓令はまず「カイゼリン・エリーザベト」の海軍司令部に対しては、「青島でドイツ軍とともに戦うこと」を求めていた。また東京の大使に対しては、従来の方針に反して「カイゼリン・エリーザベト」司令部に発せられた命令を伝え、その原因はオーストリア゠ハンガリーの同盟国たるドイツ帝国に日本がとった処置(宣戦布告)にあることを示唆し、秘密文書と暗号表を焼却して、大使館員、居留民をともなってアメリカへ脱出するよう求めていた。駐日オーストリア大使は八月三十一日東京を発ってサンフランシスコ経由で帰国した。

他方天津に到着していた「カイゼリン・エリーザベト」の海軍兵士たちは急ぎ青島へ戻ることになったが、オーストリア゠ハンガリー兵士を青島に戻すことが中立違反になることを恐れた中国政府はパスポートコントロールを強め、鉄道駅には中国官憲が配備された。オーストリア゠ハンガリー兵士は平服で武

一九一四年八月二十四日、
武装を解除する
「カイゼリン・エリーザベト」
「カイゼリン・エリーザベト」は
その後再武装するが、
十一月二日に自沈した。

器を持たずに三々五々青島に向かった。結局四〇〇名近い「カイゼリン・エリーザベト」乗員のうち一〇〇名ほどは青島に戻れず、北京《ペキン》あるいは天津に留まった。「カイゼリン・エリーザベト」は再武装したが、艦砲の一部はドイツ軍の使用に供され、陸揚げされて日本軍を迎え撃つ主要な堡塁に設置された。

そのあたりの事情をオーストリア＝ハンガリーの一兵士はつぎのように記録している。

九月二十八日にはわれわれの軍はすでに陸上も海上も日本軍によって包囲されていた。この日だけでも「カイゼリン・エリーザベト」は進軍する日本軍に対して三〇〇発の砲弾を浴びせ、日本軍兵士は虫けらのように倒れていった。しかし日本軍の反撃が始まると、「カイゼリン・エリーザベト」は退《ひ》き下がるほかなかった。そうでなければ叩きのめされていただろう。そんなことが毎日続いた。食事の代わりに日本軍の砲弾を食らっていた、と言っても過言ではない。ドイツ軍もオーストリア＝ハンガリー軍もまだ降伏するつもりはなかったので、日本軍は青島市内を砲撃し、市中の家屋の半数が被弾するありさまだった。情勢はわれわれに利有らず、だった。

砲弾は底を突き、「カイゼリン・エリーザベト」ももう撃つ弾がなかった。「カイゼリン・エリーザベト」は自沈した。これで日本軍の手に落ちることはなくなった。乗り組んでいた兵士たちは銃を手にして陸に上がった。しかし戦闘は長くは続かなかった。日本軍はすでに砲撃で〔青島を〕あらかた破壊しつくしていた。われわれの軍は二度にわたって日本軍を撃退したが、十一月七日の深夜二時についに日本軍は青島市内に突入した。二万人の日本軍に対して、ドイツ軍は三五〇〇人、オーストリア＝ハンガリー軍は三〇〇人の兵士しか有していなかった。ドイツ軍が青島を明け渡したときの日本軍の振舞いは、紳士的であったと認めざるをえない。日本軍は何物も奪わず、何者も傷つけなかった。［オーストリア国家文書館　陸軍省第一〇課一九一五年二四五〇〇号］

オーストリア＝ハンガリーにとっての第一次世界大戦

オーストリア＝ハンガリーは中央ヨーロッパの多民族国家であり、一八六七年以降、アウスグライヒと呼ばれる独特の体制をとっていた。アウスグライヒ体制のもとでは、オーストリア、ハンガリーはそれぞれ独自の政府をもち、その長たる各首相は直接君主に責任を有していた。しかしそれは単なる同君連合だったのではなく、外交と軍事とそれにかかわる財政は共通業務としてこれも直接、個別に君主に対して責任を有する共通大臣の管轄下に置かれた。したがってオーストリア＝ハンガリーの国防の主たる担い手である共通軍は共通陸相の管轄下にあった。共通軍兵士は帝国全土からあまねく徴兵され、したがってその民族構成は帝国の民族構成を忠実に反映していた。

オーストリア＝ハンガリーの男性国民は、兵役年齢に達し、兵役検査に合格し、運悪く籤《くじ》に当たると、徴兵されて共通軍の歩兵、騎兵、砲兵、海軍の各部門に振り分けられた。オーストリア＝ハンガリー共通軍はオーストリア、ハンガリーそれぞれの憲法に直接拘束されるわけではなかったが、両国の憲法から大きく逸脱するわけにもいかなかった。とくに帝国人口の六割を占めるオーストリアは、その憲法で民族の平等を掲げており、共通軍もそれを無視するわけにはいかなかった。そこで多様な民族を含む共通軍は、軍隊の使用言語を三つの範疇《はんちゅう》に分けて、民族としての平等性と軍隊としての効率性を両立させようとした。第一の言語は「前へ進め」「撃て」などの簡単な命令用語である指揮語であり、これはドイツ語であった。第二の言語は軍務に必要な専門用語である服務語であり、これもドイツ語だった。第三の言語は連隊内の会話や教練に使われる連隊語で、これは連隊で一定の割合を占める民族の言語が使われた。そのため普通の兵士にとってみれば、指揮語のドイツ語(八〇ほど)を覚えさえすれば、自分の言語で軍隊生活を送れるはずだった。

このようにオーストリア＝ハンガリーの軍隊は国内の民族的均衡を対外的な戦略よりも重視せざるをえず、また二十世紀の初頭にいたる五〇年ほど大きな対外戦争を経験していなかった。そのオーストリア＝ハンガリー軍が直面した戦争は、のちに第一次世界大戦として記憶される過酷な戦場だった。とくにカルパティア山地の北部、ガリツィア地方はロシア軍に席巻された。南への退路を峻険なカルパティア山地に阻まれたオーストリア＝ハンガリー軍は西に向かって敗走を重ね、ついにはドイツ国境を越え、そこでドイツ軍の支援を受けてようやく反撃に移るありさまだった。

その間、オーストリア＝ハンガリー軍兵士の多くは戦場の露と消え、負傷し

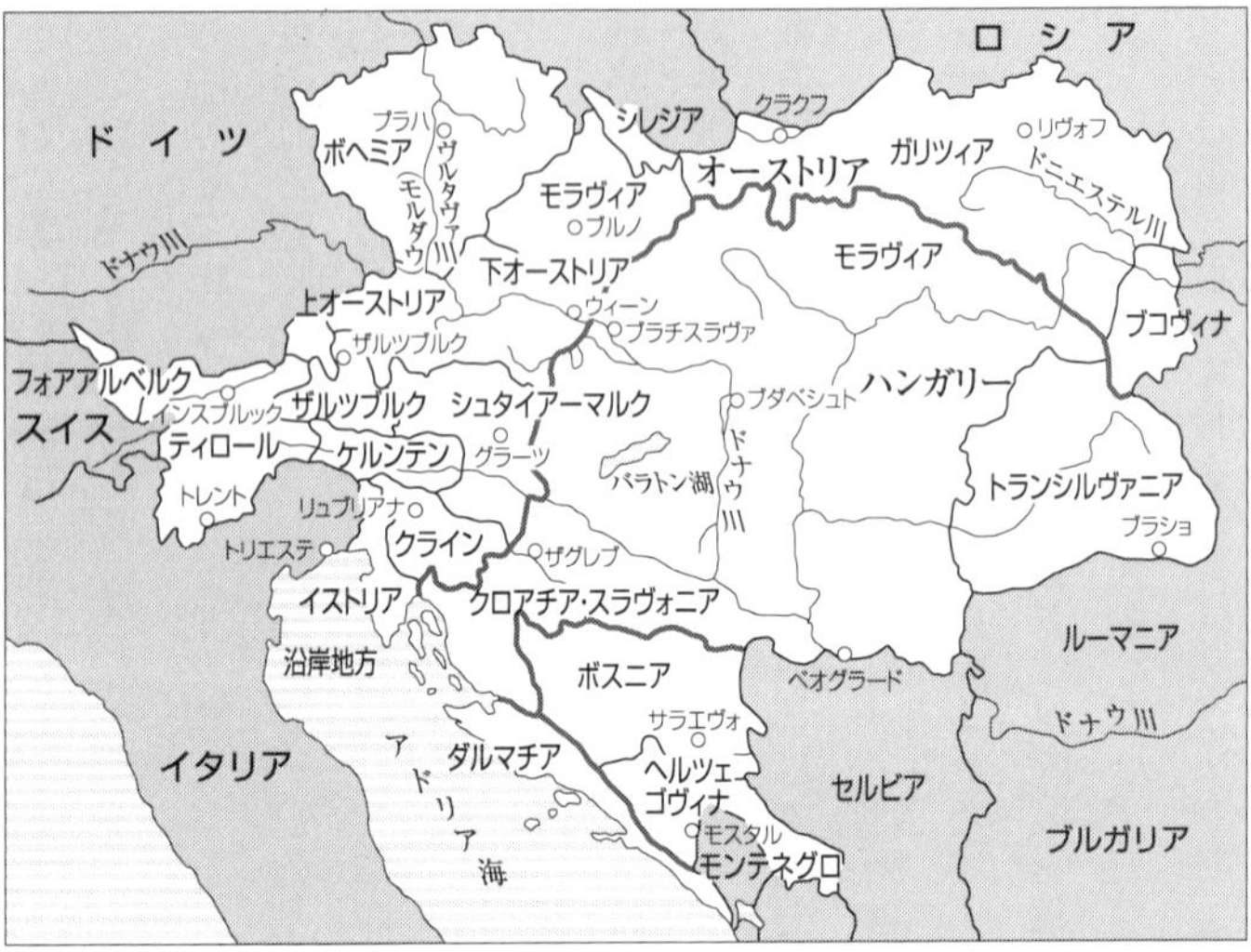

オーストリア＝ハンガリー帝国(ハプスブルク帝国)の行政区分

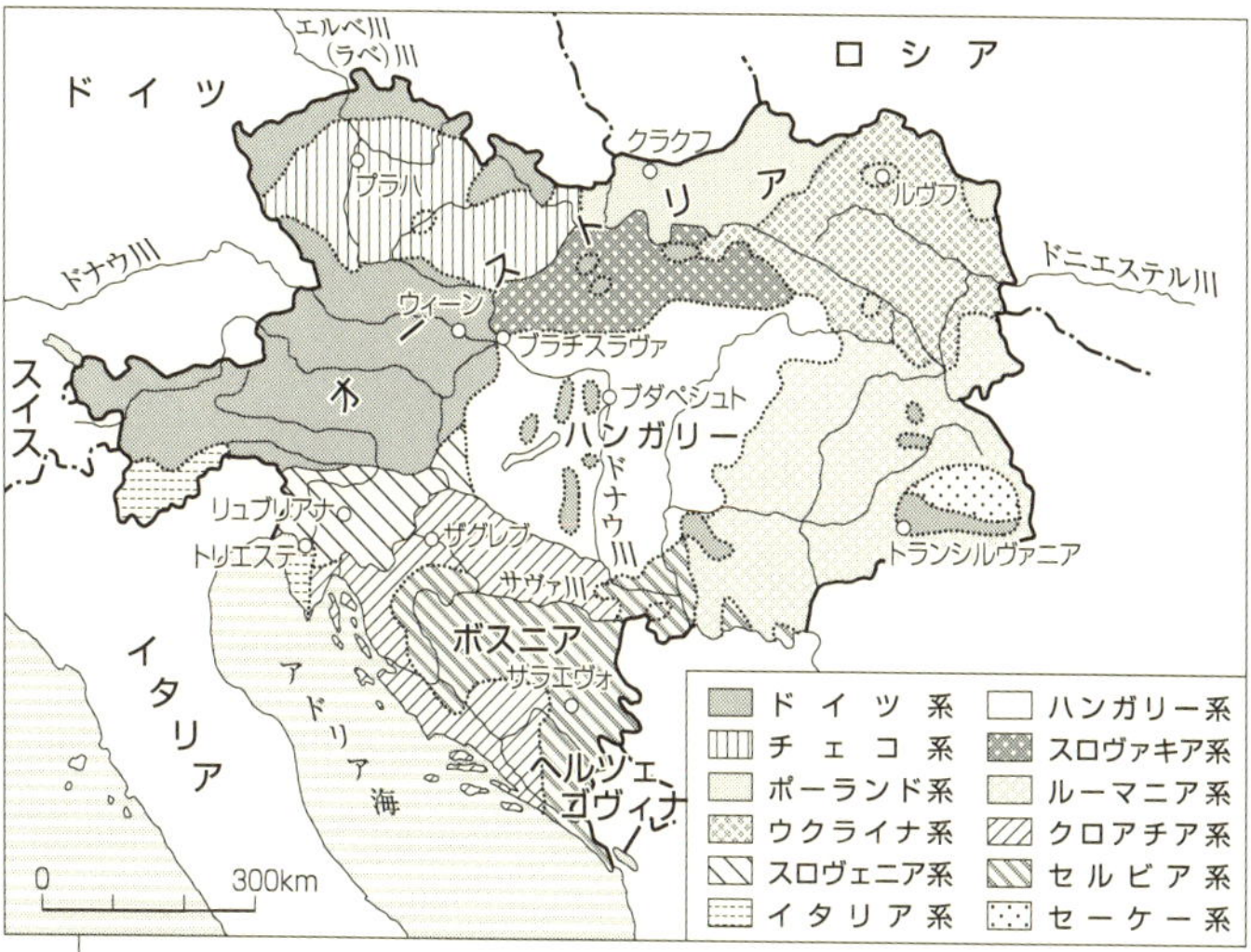

言語を基準としたときの
オーストリア＝ハンガリー帝国の
民族分布

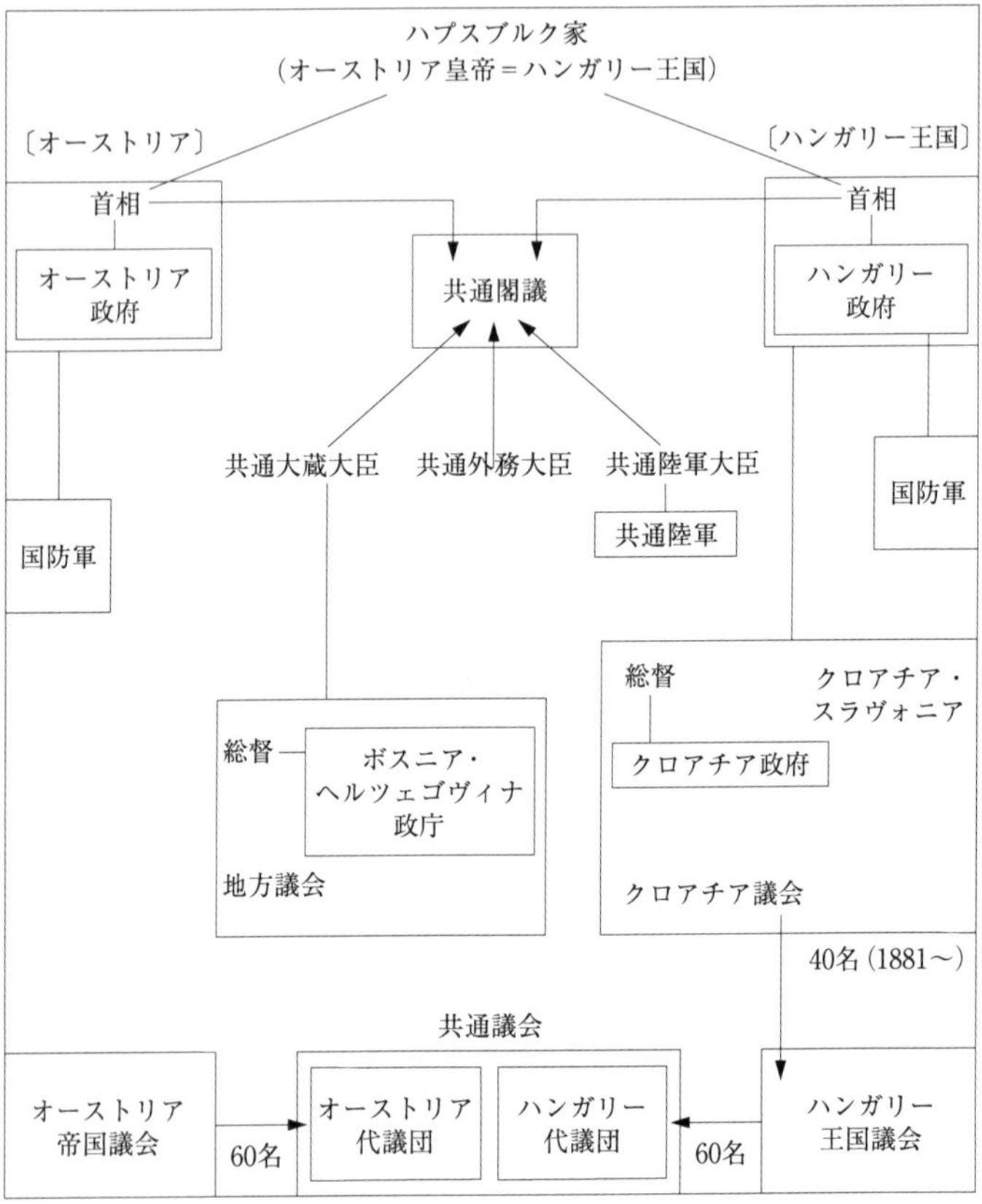

アウスグライヒ体制の統治構造
ハプスブルク帝国は1867年に成立したアウスグライヒにより、
オーストリア、ハンガリー王国がそれぞれ内政の自治権を得た。
外交と軍事は帝国の共通業務とされた。図はこのときの統治構造を示す。

たりチフスや赤痢で戦えなくなった者のなかで幸運な者はロシア軍の捕虜になった。オーストリア＝ハンガリーが動員した兵士は、一九一四年から一七年までで八四二万人、そのうち七八万人が死に、一六〇万人がロシア軍に捕らわれた。ロシア軍の捕虜になったオーストリア＝ハンガリー軍兵士はドイツ軍兵士とともに、ヨーロッパ部からシベリアにいたるロシア各地に設置された収容所に収容された。ユーラシア大陸はさながら捕虜収容所群島の様相を呈していた。日本の捕虜収容所体系もその東端を形成しており、収容所群島全体の動きと無縁ではありえなかった。一つだけ例を挙げてみよう。

ドイツの下士官フェルディナンド・ヴァグネルは、一八八四年生まれ、ウィーンのプロータウエルガッセ出身で、一九一五年二月以来、ドイツ帝国のキール歩兵第八五連隊に所属する歩兵伍長であった。彼は一九一五年十二月にドイツ・ロシア戦線のリガ(現ラトヴィアの首都)での戦闘で、腹部と右足に砲弾の破片を受け、ロシア軍の捕虜となった。その後、野戦病院で応急処置を受けたのち、一九一六年七月にシベリアの収容所に移された。ロシア革命後、ロシアとドイツの講和が成立したため、本国送還後に再び戦場に送られることを恐れ、

ガリツィア戦線で敗走する
オーストリア＝ハンガリー共通陸軍
歩兵第59連隊の兵士たち
サン川近くの森でしばしの休憩をとる。

ガリツィア戦線でロシア軍の砲撃を受けて炎上する村

一九一七年十一月に収容所を脱出した。その後、徒歩と列車によって中国東北部にまで到達、一九一八年四月十九日に奉天《ほうてん》(現瀋陽《しんよう》)の停車場に到着したところで、疲労と旅費がつきたために、アメリカ人煙草《たばこ》商に救護を申し出たところ、密告を受け、日本の憲兵に捕縛された。その後、一九一八年五月六日に青野原俘虜収容所に収容された。

日本の捕虜政策

当時捕虜の処遇は、一九〇七年十月にオランダのハーグにおける第二回万国平和会議において調印されたいわゆるハーグ陸戦条規に基づいて国際的に定められていた。日本は一九一一年十一月にこれを批准し、これを一九一二年一月に「陸戦ノ法規慣習ニ関スル規則」として公布した。

この陸戦条規は、第二章を「捕虜」と題して、その全体、第四条から第二十条までの、一七条を捕虜の取扱いに関する規定にあてている。ハーグ陸戦条規によれば、将校は労役を課されず、給与は収容国が一時立て替え、さらに生活物資が支給されることになっていた。下士官と兵卒には、生活物資は支給されるが、各種の労役を課すことができると定められていた。この差は、当時のヨーロッパ各国の軍隊の状況を反映している。下士官と兵卒は、戦闘力であると同時に、軍隊組織を支える労働力としてもとらえられており、労役を担うことが普通であった。この点は日本の陸海軍においても共通している部分がある。あとに述べる捕虜に対する処罰方法の差にも、この軍隊構成は反映している。

また、捕虜は所属国の軍隊組織に基づいて、自治組織をつくることができ、捕虜になっているあいだでも、昇級や増俸もおこなわれるのである。実際に、青島総督であったヴァルデックは、習志野の収容所に収容されているあいだに大佐から少将に昇進した。つまり、捕虜となっても本国軍隊に勤務中であり、かたちをかえながらも軍務を果たしているという前提のうえに、ハーグ陸戦条規の捕虜に関する条項は作成されていた。また自治組織という形態は、収容する日本側にとってもありがたいものであった。捕虜の組織に頼って収容所を運営できるということは、その分だけ運営に関する経費や人員を節約できるのである。

青島で捕虜になった、ドイツ兵、オーストリア＝ハンガリー兵の取扱いはこの「陸戦ノ法規慣習ニ関スル規則」を原則とし、さらに一九一四年九月に「俘虜取扱規則」が日露戦争時のものから改訂され、「俘虜取扱細則」「俘虜労役規則」「俘虜処罰法」が新たに制定されて、これらの法規によっておこなわれることになった。

青野原俘虜収容所から世界が見える

第一次世界大戦を「総力戦」ととらえる考え方自体は、すでに大戦中にあったといえるだろう。例えば、オーストリア首相シュトュルクは『戦時方策覚書』を一九一五年六月に発刊し、「国政のあらゆる分野において、また個人の裁量に委ねられるべき分野すべてにわたって、戦争によって変化を強いられない分野はないといえるほどである」とし、そのために政府がとった措置について概観し、もって後世の批判に委ねることをその目的として明記した。「総力戦」の語が定着したのは、ドイツで第一次世界大戦の戦時体制をつくりあげたルーデンドルフが同名の本を一九三五年に出版して以降といわれている。

ここで使われた「総力戦」は、「新たな戦争」に向けての「プロパガンダ」

の側面も有していたが、第二次世界大戦後になって、その経験も踏まえ、また「勝者」「敗者」の立場を超えた現代の戦争の共通の体験として「総力戦体制」が論じられることになった。しかし「総力戦」が「国民的」な動員であるかぎり、いったん兵士として動員されて生産の場から排除され、捕虜となって戦場からも排除された捕虜兵は「総力戦論」から排除されなければならなかった。

第一次世界大戦が終わってほぼ一世紀が過ぎようとしている最近になって、ようやく「総力戦」から排除された人びとに関心が向けられるようになったといえる。脱走兵、あるいは脱走して自国軍に捕らえられて処刑された兵士、占領下に置かれた人びと、捕虜兵などがそれにあたる。なかでも捕虜兵は、第一次世界大戦において同盟諸国、協商諸国合わせて七〇〇万人から八〇〇万人にのぼると考えられている。その人たちの経験がすっぽり抜け落ちていたことになる。オーストリア＝ハンガリー軍は北部のガリツィア地方での戦闘でロシア軍の攻勢の前に大敗北を喫した。南に敗走する道を峻険なカルパティア山脈に阻まれたオーストリア＝ハンガリー軍は西に向かって逃げ、ついにはドイツ国境も越えて、そこでドイツ軍の支援を受けて漸く反攻に転じた。その間にオーストリア＝ハンガリー軍は二〇〇万人ほどの捕虜兵を出すことになった。逆に反攻に移ったオーストリア＝ハンガリーに敗れたロシアは一九一五年にはそれを上回る捕虜兵を出すことになった。そのため参戦国のなかでもオーストリア＝ハンガリーとロシアは失った大量の捕虜兵の補充と得た大量の捕虜兵の収容という困難な問題に直面した。

しかし両者の「均衡」は一つの「解」を導き出すことになった。それは、失われた兵力を補充するためにさらに失われる労働力を、新たに得た捕虜兵により補充するという「解」だった。オーストリア＝ハンガリーではまずそもそもの捕虜収容所の建設に始まって、一九一五年半ばには、とくに農業分野で捕虜兵の労働力としての使用の方法が確立していった。それは何よりもこの年の小麦の収穫に間に合わせるための措置だった。

日本が捕虜にしたドイツ、オーストリア＝ハンガリー兵士は四千数百人、したがって第一次世界大戦の全捕虜兵の一五〇〇分の一にすぎない。しかし日本の捕虜収容所はユーラシアに無数に作られた捕虜収容所の東端を形成し、ユーラシアの捕虜兵の動向と無縁ではありえなかった。日本陸軍は収容した捕虜兵が本国と交わす連絡を検閲し、ヨーロッパの捕虜兵の事情に詳しく通じていた。青野原俘虜収容所に収容されていた捕虜兵はほぼ五〇〇人、それは世界の捕虜兵の一万分の一以下にすぎない。それは、たしかに小さな存在にすぎないかもしれないが、そこで展開された捕虜兵たちの悲喜こもごもの豊かな世界の、さらに一万倍以上の世界があったということを教えてくれる。しかもその五〇〇人は、捕虜兵として当時の国際情勢の微妙な変化に敏感に対応していた。この小さな窓から世界が見えてくるのである。

2 姫路での生活

姫路への収容

一九一四年十一月十四日、捕虜たちは青島《チンタオ》を出発し、日本へ輸送されることになった。対馬海峡をへて、十七日には、門司港に入港し、十八日宇品に碇を降ろした。宇品で、いくつかのグループに分けられた。鉄道で姫路に収容される三百余名のグループは、十九日午後広島駅を出発し、途中各駅停車の普通列車に連結されて、二十日午後〇時四十九分に姫路駅に到着した。列車による長旅の様子を一人の捕虜兵は、つぎのように記している。

今や我々三〇〇人の男達は、目的地へと鉄道で向かった。……鉄道車両は、ドイツのものより小さくて、席は幅が狭く背もたれは低い。全てが居心地悪い。夜十二時から朝五時まで我々は、臨時列車で移動した。そして我々の車両は、各駅停車の普通列車に連結された。……列車は絶え間なく山々の間を身をくねらせながら通り抜け、再び我々は顔に陽の光を受けた。海岸には、広大な塩田が広がっていた。田んぼでは、農民が米を収穫していた。一七時間の列車の旅の後、午後一時に姫路に着いた時、我々は、ある意味では大変嬉しい気持ちであった。〔「W・イエキッシュ氏資料」『AONOGAHARA捕虜兵の世界』(『小野市史』第三巻本編Ⅲ)〕

姫路に到着した捕虜は、停車場で検疫を受け、捕虜収容所本部が置かれた船場本徳寺に入ってから、三つの寺に分けられた。『神戸又新日報』の記事によると収容人員、階級および国別の内訳は、つぎの通りであった。

妙行寺には、将校八名と従卒五名が収容された。姫路に収容された捕虜中での最高官は、ゲオルグ・フォン・ドラーヘンタール少佐である。ほかにイーガント・レオポルド歩兵予備少尉、オスター・フロエリヒ海軍中尉、フラ・ヘル・フォン・リーン海軍中尉、ロバート・ヒンナー機関中尉で、この五名がオーストリア国籍である。ドイツ国籍の将校は、エルンスト・シュロイター水雷少尉、フランツ・クロイツ火工少尉、フリツクシイ・ナイスキー火工少尉の三

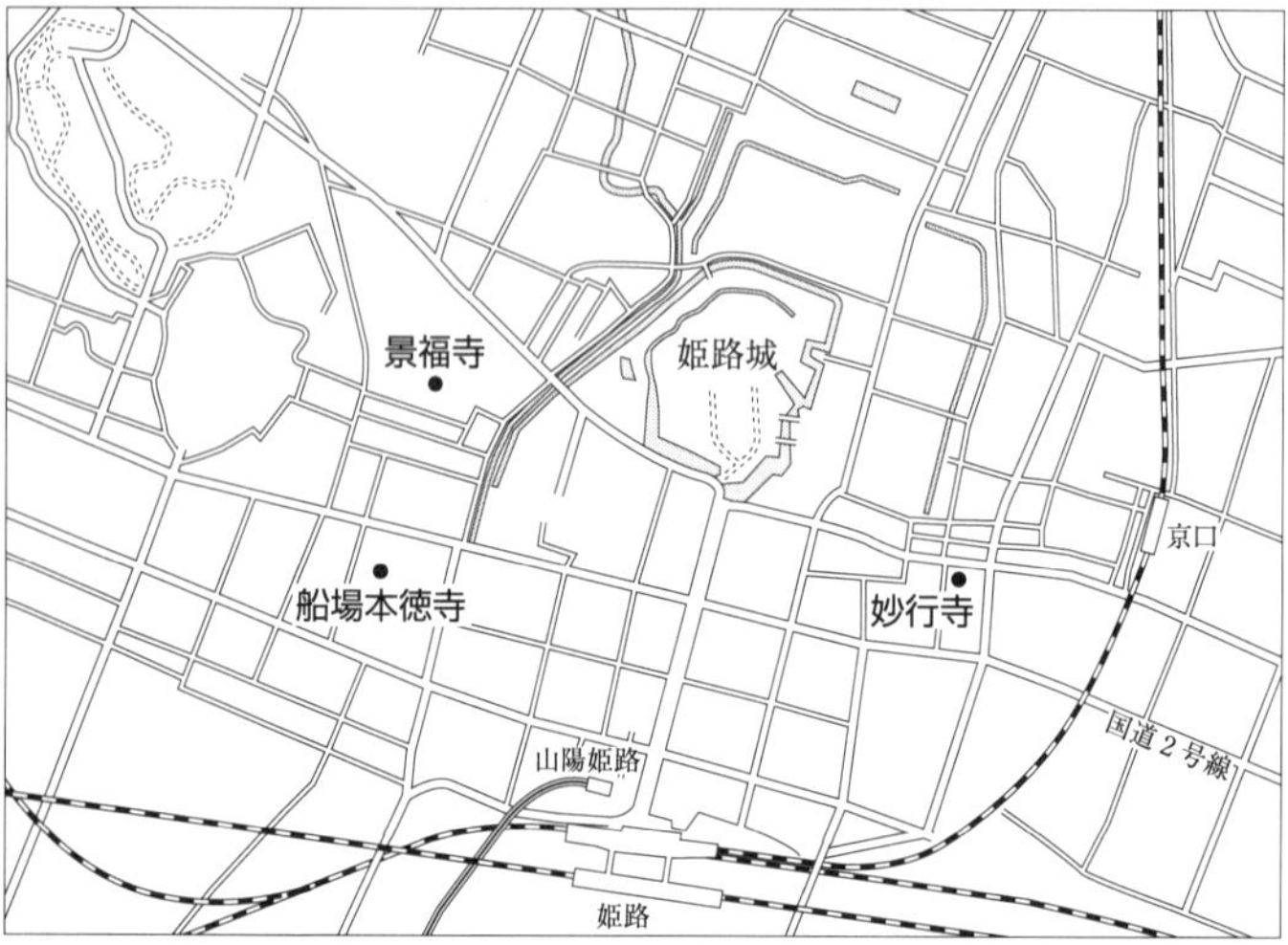

姫路で捕虜が収容された
景福寺、船場本徳寺、妙行寺の位置

船場本徳寺の収容所の建物と捕虜兵たち

名である。船場本徳寺には准士官以下のドイツ兵卒一六〇名が収容され、景福寺には、「カイゼリン・エリーザベト」の乗組員を主とするオーストリア兵一五〇人が収容された。その後、十二月になって両寺収容の四〇〜五〇人を入れ替えている。グループ内の人間関係や、トラブルを避けるための措置であった。

つぎに姫路に収容された捕虜の日常生活を覗いてみよう。姫路に捕虜収容所が設置された期間は、一九一四(大正三)年十一月十四日から一九一五年九月二十日までの一〇カ月間である。この間、捕虜たちがどのような生活を送っていたのだろうか。

さて一九一四年一一月二〇日、捕虜達は、日本兵に護衛され捕虜収容所へと連れて行かれた。この捕虜収容所は二つの古い、しかし、よく手入れの行届いた寺で、景福寺と本徳寺といった。野次馬の姫路住民を押し留めるために、大掛かりな警察の動員が必要であった。〔「W・イエキッシュ氏資料」『AONOGAHARA捕虜兵の世界』(『小野市史』第三巻本編Ⅲ)〕

姫路に到着した捕虜は、姫路駅で物見高い市民の盛大な出迎えを受けた。『神戸又新日報』の記事によれば、この日「墺国海軍少佐男爵以下将校八名、准士官以下三百十五名」が下車し、彼らを姫路駅に出迎えたのは、「姫路捕虜収容所長野口少佐以下委員、師団参謀等二十余名と姫路在住の米国人ベーカ氏……、其他多くの憲兵、警察官等が待構へ」、構外には「市民数万が広い駅前空地に群集して」待ち受けた。そして「収容所に通じる沿道は、十重二十重……要所々々に配置された警官歩哨が声を喝《か》らして捕虜通過の際、軽率に騒ぐべからずと警戒し廻っている」(一九一四年十一月二十一日付)と伝えている。捕虜たちは、簡単な検疫を受けたあと、本部にあてられていた船場本徳寺へ収容された。

この日の『神戸又新日報』は、捕虜のなかでもとくに目を引いた事柄として、「予備陸軍少尉エルンスト・シュレーツァーの牽《ひき》いていた国民兵二十余人の一行で五十の坂に垂《なんな》んとする古老兵」のことを掲載している。国民兵(ラントシュトゥルム)とは、四十から五十歳の予備役兵で編成されている部隊である。のちに登場する、古城砦のモニュメントを残したネヴィガー・ヴァルターは、国民兵に所属する人物であるので、おそらくこの「古老兵」の一行中に属していたものと思われる。

捕虜の到着した二十日午後五時には妙行寺収容所で、二十一日には午前十一時から船場本徳寺および景福寺において収容捕虜に野口所長からつぎのような訓示が与えられた。

諸君は祖国の為め勇敢に戦ひたり、而かも刀折れ弾尽きて俘虜となりたり、吾人は諸君に対し多大の同情を表す、吾人が諸君を遇するには一に我が陸海軍法規に従ふも、又諸君を遇するに我が陸海軍人の待遇を以てす、軍人は軍人としての名誉を保たざるべからず、諸君はよろしく、独逸国軍人として、又墺国軍人としての名誉を保つべし、吾人収容所長を始め収容所付将校及衛兵は、陸軍大臣閣下に隷属して、当師団長閣下指揮の下に万事を処する者なり、故に諸君は吾人の命令に従はざるべからず、唯茲《ここ》に遺憾とする、設備の不充分なるに在り、是れ事の余りに急に出でたるを以てなり何れ不備の点は漸次に之を補足せん、諸君は我国の風土気候に慣れざれば、各自衛生に注意し、身体を大切にせよ、而して平和克復の日を待て。［『鷺城新聞』一九一四年十一月二十二日付］

捕虜たちの武勇を讃え、同じ軍人として処遇するけれども、収容所の規律には従ってもらう、という野口所長の訓示に対して、捕虜側から代表者が出て、所長以下各将校衛兵の厚意を謝し、誓って命令に背かずとの趣旨の答辞を述べた。こうして姫路収容所の生活が始まった。

町中の収容所

到着後一週間がたつと、捕虜の生活も落着きを取り戻してきた。なにぶんにも自由時間が多いので時間をもてあまし始めている。一部の捕虜は、日本語の勉強を始める者も出てきている。

捕虜の中教育ある者は、新渡戸《にとべ》博士の日本武士道を熟読した事があるので、此際、日本歴史の研究がして見たいとの希望を有せる向もあり、殊に市長が外出を許可された時は先づ第一番に白鷺城を見物して下さいと言い残して行ったので、昨今豊太閤の伝記を頻りと研究しているそうだ。〔『神戸又新日報』一九一四年十一月二十八日付〕

捕虜たちの勤勉ぶりにもふれ、「捕虜はさすがに文明国の人間」と褒《ほ》め「既に数字、単純なる挨拶語等を〔日本語で〕語り、係官、衛兵等と談話を交換し居れるが、今暫時研究を積めば上達して係官も日用の用便に利益を得るならん」〔『鷺城新聞』一九一四年十二月一日付〕と紹介している。

十二月にはいって、さらに生活が落ち着いてくると捕虜たちの待ちに待った遠足が引率官監視のもとに許可され、十二月一日には姫路城天守閣への登閣が許された。姫山公園内では自由行動を楽しんでいる。「公園内の飲食店に飛込み蜜柑、菓子、或は日本酒や麦酒の立ち飲みと盛んにパク付いた」と『鷺城新聞』は記録している。その後、城内にはいり日露戦役の捕獲品である露式八吋砲を見、水一の門の姥《うば》が石を見てから天守閣に昇り、近郊を望見してから帰宿した。「沿道の各所には、物見高き市民垣を作って一行を迎へ、一時は往来杜絶の有様なりき」〔『神戸又新日報』一九一四年十二月二日付〕と伝えている。

ここで『鷺城新聞』は、「矢張り文明人」と感心した捕虜の行動を記述している。

彼等は常に清潔を尊ぶ点に於いて燐寸《マッチ》の軸でも手当り次第に捨てない、必ず一定の所へ捨てるが、当日も蜜柑や林檎が沢山売れたが、皮を路傍へ捨てない、必ず塵箱の中に捨る所は如何にも公徳心に飛《と》んで居る。矢張り文

姫路城から見た兵舎と市街

明国民である。［『鷺城新聞』一九一四年十二月二日付］
また、少佐以下の将校は「五層楼上より瞰下《かんか》しながら庄子通訳より太閤秀吉の事績及び白鷺城の沿革を聞き大に感心して居た」と記した。捕虜の記録を見ても、この日のことをつぎのように書き残している。
初めての遠足は、美しい公園の中心にあるなだらかな丘へと行われた。ここには十五世紀からの歴史を持つ白鷺城が建っていた。ここからは、市街とその周辺の美しいパノラマ風景を見渡すことができた。市内の道路で捕虜達は初めて日本の生活習慣と施設、そして寺とほとんど違いが認められない家々を目にした。［「W・イエキッシュ氏資料」『AONOGAHARA捕虜兵の世界』（『小野市史』第三巻本編Ⅲ）］
捕虜というよりは、団体の観光旅行客さながらの処遇である。『鷺城新聞』の十二月四日の記事では相撲見物が許可される見通しであるという。捕虜のなかのドラデン生まれのリットールは、本国のハンブルクで日本の常陸山《ひたちやま》一行の相撲を見物した経験があり、早く見たいと楽しみにしていたが、残念ながらこれは実現しなかった。

総じてみて、日本政府の捕虜の取扱いは、極めて良好であった模様である。姫路収容所では、収容所閉鎖まで十数回の外出が許可された。一九一五(大正四)年一月七日と四月六日には、近くの河原へ、六月七日には、広峰神社に参拝し、おみくじを引いて喜んでいる。心待ちにしていたこの外出により捕虜たちは、日本文化に触れる機会をもつことができた。

遠足はたいてい歩いて四十五分ほどかかる川へと行った。そこでは遊戯をする日と水浴する日とがあった。そして回り道をして再び寺まで帰ってきた。林や山にある寺への訪問ツアーも行われた。それを通して多くは、日本国民の芸術や歴史に対する認識を与えられた。野原や森でのハイキングの際は、それぞれが自然の豊かさや多種多様さを確かめることが出来た。彼等にとって新鮮だったのは、米などの作物、さとうきび、麻や茶の収穫をまぢかに見ることが出来たことであった。［「W・イエキッシュ氏資料」『AONOGAHARA捕虜兵の世界』(『小野市史』第三巻本編Ⅲ)］

酒保と両替

一九一四(大正三)年十一月二十六日には捕虜たちに喜ばしいできごとがあった。前日(二十五日)から収容所内では、「酒保」が開かれ、アルコールが販売されることになったが、捕虜の懐中は、外国貨幣のみで両替の必要があり、酒保へ押し掛けても商人に受け付けてもらえなかった。神戸から慰問に来た一人の年老いたオーストリア人は、外務大臣の許可を要するということで面会を拒絶されたため捕虜に心づくしの両替金として日本通貨五五〇円を提供したが、多くの者には行き渡らなかった。

二十六日は、ドイツのジーメンス社より四〇〇〇円の両替金が収容所に送られてきた。さらに在邦ドイツ人より捕虜一同に金一〇〇〇円が寄贈されたので、両替と寄贈金の恩恵に浴した。両替のレートは、一ドルは七七銭、一〇〇マルクが四九円であった。両替が可能となり、寄贈金もあって捕虜たちの懐中は豊かになった。十一月二十七日付の『鷺城新聞』は、捕虜の喜ぶ様子をつぎのように報じている。

今日は打って変って貨幣をポケットに詰込み、サイダー、林檎、煙草は勿論缶詰類を買い込み、居室に円座を作りてパク付くやら歩き食いをするやら異境に捕らわれた身ながら今日は恵美須《えびす》顔のホクホクものであった。

〔『鷺城新聞』一九一四年十一月二十七日付〕

この日には、堀市長が片山書記を従えて姫路の三収容所の捕虜を慰問するというイベントもあった。

白いベストにネクタイ、シルクハットに白い手袋に身を固めた姫路市長もやってきた。間もなく仏教の高僧がやってきて……捕虜達の健康を願った。その後姫路駐屯地の最高司令官と将軍が捕虜収容所を視察した。……囲いを取り巻いて群がる老若男女の野次馬達はひっきりなしの訪問者だった。

〔「W・イエキッシュ氏資料」『AONOGAHARA捕虜兵の世界』(『小野市史』第三巻本編Ⅲ)〕

この市長の訪問に感激した捕虜中の最高官であるドラーヘンタール男爵の言葉を『神戸又新日報』はつぎのように伝えている。

「二六日市長が慰問の為め来訪されたが、余は其厚意に感泣しました。而して日本の国民が如何に社会道徳に富んで居るかを察知し得られたのです。

則ちオール・ウオルド・ワァの飛沫が東洋に波及し、日本は日英同盟の条章に依り独逸と戦端を交えたが対国民的戦争ではなく、対国家的戦争でもないが故に国民としては混交を以て是に対せねばならぬとの一語は、余等の如く遺る瀬なき俘虜《ふりょ》の身に取り実に限りなき喜びの福音であった」といって両眼に涙を浮かべていた。〔『神戸又新日報』一九一四年十一月二十八日付〕

このほか、精神面の支えになったのは各地の宣教師たちである。金沢市在住のフランツ・フィンゲルは数少ないオーストリア人の宣教師としてたびたび青野原を訪れているし、また、姫路在住のイヂトル・シャロンはフランス人であったが、敵味方を超えて青野原の捕虜の慰撫《いぶ》に努めていた〔『小野市史』第三巻本編Ⅲ三八九頁〕。収容所側も懺悔《ざんげ》式などの場合には監視をゆるめるなどの方法を模索している。親族の面会も少ないなか、捕虜の精神面の平安にとくに配慮したようである。

捕虜の残した古城砦

姫路市船場本徳寺本堂裏には、写真(四七頁)のようなモニュメントが残されている。一九一五(大正四)年九月九日付の『神戸又新日報』につぎのような記事が掲載されている。

景福寺収容中のワルタピーがコンクリートと鉄線で作り上げたライン河畔の古城砦は、実に精巧を極めたもので、これは記念の為め景福寺に残していくそうだ。[『神戸又新日報』一九一五年九月九日付]

この記録を見ることにより、制作者がワルタピーであることがわかるが、はたしてワルタピーとは、どんな人物であるのか。モニュメントの背部にはW・Nの文字が刻印されていた。この刻印のW・Nが制作者のイニシャルと考えれば、ワルタピーのWと一致する。つぎに「捕虜収容所名簿」(一九一七〈大正六〉年)と照合すると、W・Nで姫路に関係する人物はいないが、N・Wのイニシャルで二名の該当者を発見することができた。一人は、Newiger Walterで、もう一人は、Nickchen Willである。この点から先の『神戸又新日報』の記す「ワルタピー」に該当するイニシャルをもつ人物として、ヴァルターの名前をもつ前者のネヴィガー・ヴァルターこそが、このモニュメントの制作者であると判断できる。さらに、W・イエキッシュの記録には、つぎのような記述がある。

初めの頃は、よく体操をしたが、夏が近づくにつれ他の作業の重要性が高くなった。花を愛でようと花壇が設置された。幾人かは、昆虫、蝶、蜘蛛、雨蛙を採集することに趣味を見いだした。あるものは、ほとんど二メートルもある蛇のために檻を造ったりした。持ち帰った亀には、背中の甲羅に黒白赤で彩色し〔当時のドイツ帝国の国旗である〕、さらにまた中隊のマークであるアルファベットも描いた。そういうわけで様々な小動物が飼育器の中で飼育された。また自ら設置した噴水の階段状の滝の下には、金魚が泳いでいた。〔「W・イエキッシュ氏資料」『AONOGAHARA捕虜兵の世界』(『小野市史』第三巻本編Ⅲ)〕

このなかの、「噴水の階段状の滝の下」に「金魚が泳いでいた」という描写は、モニュメントの前部の特徴と一致している。この造築物は、古城砦の外観に庭園としての装飾的機能も兼ね備えた、「ライン河畔の古城を模した噴水」であるといえる。

このモニュメントは、高さ一・三メートル、円錐形をしており、基礎部分を

船場本徳寺に現存する
捕虜兵が製作した噴水
高さ一・三メートルの円錐形で鉄線を芯に
コンクリートでつくられている。

二メートル四方の花崗岩で固めている。詳しく観察すると、モニュメントを囲む基礎の花崗岩が新しいこと、そして遺物の中央から上下に分離したであろう割れ目がはっきりと確認できること、また表面のコンクリートを吹き着けた波状の紋様が、前部の噴水の両腕部分で不整合であること等々、一度分解して、ここに運び再構築した跡がうかがい知れる。

前出の新聞記事で、モニュメントの所在は「景福寺」となっているが、各部分の不整合さを考えると、景福寺から船場本徳寺境内に移設したと考えるのが、今のところ有力である。さらに、このモニュメントを直角に囲むようにして立ち並んでいる姫路藩勤王派志士の墓が、一九六八(昭和四十三)年に移されているところから推測して、おそらくこの頃、移築されたのであろうと思われる。

捕虜の生活

何を着ていたか　「ハーグ陸戦条規」によって捕虜には生活物資を支給することが定められていた。では、支給される生活物資とはどのようなものであろうか。死亡した捕虜の遺留品の処置に関する書類から、捕虜にどのような物品が支給され、またそれをどのくらい所持していたかがわかる。それによると衣服等を中心に数は豊富であるといえる。水兵用の半袖シャツや肩掛、ドイツ軍袴(ズボン)や軍衣は、青島籠城時にはオーストリア軍から支給されたものも多いと思われるが、捕虜になったあと、日本軍によって支給されたものもかなりあると考えられる。

それら、官給品は捕虜を使役して修理もおこなわれていた。裁縫・造靴の技術をもつ者それぞれ三名が一日六時間、日当一五銭で雇われていたが、一九一八(大正七)年三月には軍靴の修理費が物価騰貴《とうき》により多額となり、下駄によって代用することになった。この切替えは、士官などの体面に配慮したのか、兵卒のみに適応されたが、本国でも物資の欠乏により、木靴の使用が広まっていること、また着脱の容易さもあって、捕虜にはむしろ好まれたと報告されている。

何を食べていたか　姫路に収容された当初の食事は以下の通りである。朝七時起床点呼、午前八時朝食、朝食は、お茶とパン一斤が支給される。食後は、散歩と運動。正午に昼食。午後五時に夕食、下士は肉類二皿、卒は一皿、パン一斤、カレーライスなども食卓にのぼった。八時三十分に夕点呼があり、消灯就寝は午後九時となっている。

食糧は、材料を供給するが、いっさい自炊というのが原則、自炊開始までは、大鹿洋食店より出前を取っている。下士卒には三〇銭、准士官には四〇銭、将校には五〇銭の範囲内で出前を取ることが許されている。

捕虜収容所の生活も慣れてくるとたびたびパーティが催されたらしく、姫路の収容所生活も終わりに近づくと規律も相当ゆるんできている。

消灯は九時であったが、誰もこの決まりにきちんと従うものはいなかった。命令文は時折読み上げられたが、罰が予告され脅されることは一度もなかった。……夏には、捕虜達が夜遅くまで自分たちが建てた園亭(あずまや)で冷たいビールを飲んでいることは公認になっていた。パーティでは……皆歌ったり、音楽を演奏したりした。これはしょっちゅう夜の一一時まで大変騒々しく続いたので、数日後は隣のお寺の僧侶が苦情を言いに来るほどであった。[「W・イエキッシュ氏資料」『AONOGAHARA捕虜兵の世界』(『小野市史』第三巻本編Ⅲ)]

捕虜としての不自由さはあったとしても、収容所の規則を遵守《じゅんしゅ》すれば、こうした自由は大幅に許容されていたようだ。

クリスマス　一九一四(大正三)年も年の暮れともなると、クリスマス祭の執行が捕虜たちの意識にのぼってきた。

近く迎へんとするクリスマスには、慈恵海の如き陛下の御召《おめし》に依り特に祝祭を挙げ得らる事となったので、姫路の捕虜君昨今は何彼と其準備に忙はしく遠近にいる妻子、父兄扨《さ》ては知己朋友に夫れ相当の贈物を見立て、盛んに発送している。〔『神戸又新日報』一九一四年十二月二十一日付〕

捕虜たちの願い出により二十四日、二十五日にはクリスマスのお祝いが許可された。

ドイツ人が行くところには、何時もクリスマスのお祝いも連れてくる、というのはよく知られた事実であった。仏教寺のすべての部屋においてドイツのクリスマスのお祝いがおこなわれたことは、ほかに類を見ないものであった。古いクリスマスソングの合唱の際には俘虜たちは遠い故国の家族に思いを馳せた。〔「W・イエキッシュ氏資料」『AONOGAHARA捕虜兵の世界』(『小野市史』第三巻本編Ⅲ)」

『大阪朝日新聞』の記事を見ると、景福寺収容の捕虜は、「二五日午後二時より収容所内で讃美歌合唱、説教、其他の儀式を行い、余興として演劇を催し、所長以下所員の来場を乞い、左も愉快に見えたり」(一九一四年十二月二十六日付)と伝えている。景福寺収容の捕虜の記録を見ると、クリスマスのにぎわいをつぎのように記録している。

クリンケ伍長は、この重要な時にふさわしい長い演説を行なった。また、日本の士官たちも、このクリスマスのお祝いの場に居合わせた。中国(在住)の同郷人たちの寄付のおかげでクリスマスプレゼントの山もあった。胡椒ケーキや林檎、ナッツと共に、それぞれ慈善の贈り物の中から、毛皮のついたベスト、靴下などの冬物も手に入れることができた。さらにまた、ゲーム、タバコ、ポケットナイフなどその他の物も配られた。お祝いの食事に、日本人たちは配慮した。誰かが、皮付きのジャガイモとニシンが、ドイツの国民的な料理だと聞いたらしい。そこで彼らは、特別な貢献を果たしたと思った。[「W・イエキッシュ氏資料」『AONOGAHARA捕虜兵の世界』（『小野市史』第三巻本編Ⅲ）」

また、このほかにもパーティはよく催されている。さまざまな機会に、それぞれ理由が付けられて愉快な夜が展開したという。なかでもオーストリア＝ハンガリー皇帝フランツ・ヨーゼフの誕生日八月十八日には盛大なパーティが催され、オーストリア＝ハンガリーの捕虜兵たちがもてなした。そのときの様子をオーストリア＝ハンガリーの一捕虜兵は故郷の母親につぎのように書き送った。

この日はどこの戦場でもお祝いの催しが開かれました。故郷を遠く離れ、生家からも遠く離れたこの地でもお祝いをしました。この日のためにお祝いをすることを認めていただいた収容所将校にお礼を言わなければなりません。喜びも悲しみもともにしているドイツ軍の捕虜兵たちもこの祝宴に参加してくれました。その場は喜びに満ちていました。母上様、故郷を遠く離れたこの地でこそ、祖国が戦争に勝利することを、いや勝利しなければならないことを強く思います。もし母上がこの場にいて、私たちの様子を見ることができれば、私たちが捕らわれの身であるとは想像もできないでしょう。それほど居心地よく暮らしています。

輝かしい勝利が勝ち取られていることを日々耳にしています。勝利の知らせを聞くと、誇らしく思いまた驚嘆至極です。厳しい戦闘で神のご加護を得て勝利した戦友たちの活躍ぶりに感謝感激です。そのことを誇りに思うと同時にわれわれの置かれた立場を考えると内心忸怩《じくじ》たるものがあります。故郷での戦闘に比べれば、ここでおこなわれていることは子どもの遊びのようなものです。でも私たちは頭を垂れることなく胸を張ってきたるべき勝利に備えたいと思います。私たちは戦士であり、祖国と自らの名誉のために身を処す術は心得ているつもりです。［オーストリア国家文書館　陸軍省第一〇課一九一五年一〇-一八-一七-一四八号］

住まう　捕虜兵の生活ぶりは、姫路の収容所での生活が始まったばかりの頃のつぎのような記述からもうかがい知ることができる。

到着後の一週間、十日間の旅の後やっと再びちゃんとした食料にありつき、捕虜達の健康状態は日に日に良くなった。故国へ最初の手紙も送ることができた。人々は、捕虜達のぼうぼうの髭やもじゃもじゃの髪の毛、また、酷く痛んだ軍服を整えるのに取りかかった。床屋は寺の境内に入ることを許された。商人は、石鹸、歯磨き粉、タワシ、便箋、またそのほか多くの物を提供した。ビールやタバコまで買えるようになると、捕虜たちの士気は更に高まり、やがて軍歌や民謡まで歌うようになった。〔「W・イエキッシュ氏資料」『AONOGAHARA捕虜兵の世界』(『小野市史』第三巻本編Ⅲ)〕

また花壇を作ったり、昆虫などを採集して飼育した様子も記録されている。『大阪朝日新聞』の記事を見ると「姫路別院収容の独墺捕虜中には、蛇を飼育したいから許してくださいと願い出た者がある。別院裏手の松林にのたくっている大蛇、小蛇を手当たり次第つかみ取って持ち帰る。飼料には、蛙ねずみその他の生き物を与えている」(一九一五年七月十八日付)とある。

捕虜の衛生と病気の予防については、とくに細心の注意が払われたようである。

日本の行政機関は、捕虜たちの健康に気を配っただけでなく、病気が持ち込まれることに関しても注意を払った。そういうわけで捕虜たちは、徹底的に診察され、またすべての考えられる病気に対して予防接種を受けた。

……すべての衣料品は消毒された。〔「W・イエキッシュ氏資料」『AONOGAHARA捕虜兵の世界』（『小野市史』第三巻本編Ⅲ）〕

捕虜の衛生観念について、『鷺城新聞』の一九一四年十一月二十二日付の記事は、つぎのような生活ぶりを報じている。

毎朝起床後直様《すぐさま》洗面所にて約一時間裸体の侭にて石鹼を以て全身冷水摩擦を為し、食後には境内を三々五々打ち連れて運動をなすなどは、到底日本人の及ぶ処にあらず。

捕虜の情報管理

当初は一九一四（大正三）年末までに決着がつくと考えられていた戦争は、一九一五（大正四）年以降長期化する様相となり、捕虜の収容期間も長期にわたることが予想されるようになった。そのため、本格的な収容所を建設して、捕虜をそちらに移すことが決定され、全国一二カ所にあった収容所は、六カ所にまとめられることになった。そのあたりの事情については、一九一六（大正五）年になって開かれた俘虜収容所長会議で俘虜情報局長官がおこなった訓辞が明確に示している。

この会議は九月十九日から二十二日の日程でおこなわれ、十九日に大臣、軍務局長などの訓示があり、二十、二十一日は事務の打合せにあてられ、二十二日には習志野俘虜収容所の見学会がおこなわれた。この会議で俘虜情報局長は、まずそもそも俘虜情報局が捕虜に関する情報・援助に関して一元的に責任を有することへの理解が進んだことに言及しながら、なお一層各収容所が情報をしっかり情報局に送るよう求めた。そのうえで、以下のように述べた。

欧州ノ戦局ヲ観察スルニ前途尚ホ遼遠ニシテ予測スベカラザルモノアリ従テ諸般ノ施設　悉《ことごと》ク此考慮ヲ以テ処理セラルル事必要ナランモ他ノ一面ニハ平和克復ノ気運意外ニ突発シ来ルヤモ亦予知スベカラス此時ニ方《あた》リ俘虜ノ交付ヲ整々ニシ毫末《ごうまつ》モ渋滞ナク之ニ応シ得ルノ準備アルハ当局ノ最モ希望スル所ナリ［防衛省防衛研究所『欧受大日記』大正五（一九一六）年欧受一〇九九号］

長期化するヨーロッパ戦線に対応して本格的な収容所を設置し、国際法に照らして適正な捕虜への対応を可能にする体制を整えてみたものの、やはりできるだけ早期に戦争が終結して捕虜兵はお引き取りいただきたいという本音が見えてくる。しかしともあれ戦争終結までは捕虜兵は収容所の管理に委ねなければならないなかで、捕虜兵の情報を一元的に管理し、国際的な窓口になる役割をもった俘虜情報局は、収容所長が一堂に会した機会を利用して、収容所長から直接要望を聴取することになった。

名古屋収容所長がまず代表して全体的な要望を提示した。

各収容所ノ情況ヲ開設当所ノ如ク時々通報セラルレバ事務執行上多大ノ便宜ヲ得ルノミナラズ帝国ノ俘虜取扱法ヲ統一ナラシムルコトヲ得ベシ〔防衛省防衛研究所『欧受大日記』大正五(一九一六)年欧受一〇九九号〕

と述べ、情報の開示を求めた。また、

軍事調査資料トシテ発送セル書籍類ニテ俘虜情報局ニ於ケル用済後封筒ニ入ルルニ当リテハ一層ノ注意ヲ希望ス即チ甲宛ノ内容品ヲ乙宛封筒ニ入ルルガ如キ例少カラズ〔防衛省防衛研究所『欧受大日記』大正五(一九一六)年欧受一〇九九号〕

として、俘虜情報局に対して、必要な情報を得たあとの捕虜宛書籍類の扱いに注意を喚起した。これには「注意スルコトトス」と俘虜情報局は回答したが、このことは他方で、俘虜情報局が捕虜宛に送られた書籍類を通じて情報を収集していたことを示している。

青野原収容所長もまたつぎのように要望した。

軍事調査上必要ノ為没収セラルベキ新聞雑誌地図書籍等ハ調査委員ニ於テ必要ノ場所ヲ抜粋セラルルカ若クハ其他適応ノ手段ヲ採リ原本ハ成ルベク之ヲ返送セラルル様相成度シ［防衛省防衛研究所『欧受大日記』大正五（一九一六）年欧受一〇九九号］

これに対して俘虜情報局は、「出来得ル限リ返却スル如ク取計ヒツツアリ尚ホ俘虜ニハ没収セシ場所ヲ知ラシメザル様ニサレタシ」と回答した。つまり捕虜兵宛の新聞や書籍から抜粋などの手段で情報を収集し、それ以外の箇所については宛先の捕虜兵に返却するが、そのときに何を情報収集の対象にしたかは捕虜兵にはわからないようにしなければならないということであった。このような情報収集の成果は、今度は俘虜情報局から各収容所長へ出された要望のなかで明白に表れている。

この要望書ではまず捕虜兵宛小包について、腐っているものがあったり、一

時に大量の小包が届いて処理に困る、などの苦情が縷々述べられたあとで、

本邦ニ於テ敵国ノ材料ヲ得ルコトハ各国検閲ノ厳重ナル為甚シク困難ヲ極ムルニ至レリ而シテ之カ好資源ハ実ニ各収容所ヨリ送付ノ俘虜宛書籍及新聞雑誌類タリ故ニ本業務タル各収容所ヲシテ繁忙ナラシムルコト多大ナルヘシト雖《いえ》トモ国家的最モ有益ナル事業トシテ所員以下ヲ督励シ可成多数ノ参考資料ヲ送付セラレタシ［防衛省防衛研究所「俘虜収容所長召集ノ件」『欧受大日記』大正五（一九一六）年欧受九一五号］

として、捕虜宛新聞、書籍などが情報収集で果たす役割が強調された。さらに、その成果として得られたヨーロッパの情勢をつぎのように述べている。

現在ノ如ク戦争ノ範囲拡大シ戦場使用ノ兵力莫大トナルニ至テハ俘虜ノ数モ亦甚タシク増加シ一国ノ収容百数十万ヲ算スルニ至レリ茲ニ於テカ俘虜問題ハ各国ノ着目スル所トナリ之カ研究ハ国家ノ一大要件タルニ至レリ即チ茲ニ於テカ俘虜ニ関スル各種ノ施設ハ其ノ規模漸ク宏大トナリ独逸ニ在テハ概ネ一万乃至二万ノ俘虜ヲ包容スル大収容所ヲ各地ニ新設シ整然タル編成ヲ以テ之ヲ統轄シ多数ノ情報局ヲ開設シ在伯林《ベルリン》陸軍省中央情報局ニテ

ハ職員千名以上ヲ使用シツツアリ又俘虜労役ノ如キ各国盛ンニ之ヲ実施シツツアリ蓋《けだ》シ本問題タル今ヤ単ニ給養費ヲ得ンカ為ノミニアラス農工業其他ノ労働力ニ使用シ以テ自国ノ男子ノ減少ヲ補足スル為即国家生存ノ政策上頗《すこぶ》ル有効ナル事業タルニ至リツツアルカノ如シ〔防衛省防衛研究所「俘虜情報局ヨリ各収容所へ対スル希望事項」『欧受大日記』大正五(一九一六)年〕

俘虜情報局は、捕虜兵の手紙や書籍などから情報を収集し、総力戦体制のもとで敵国捕虜兵が果たした重要な役割を認識していたことがわかる。その背景にあった現実のヨーロッパ情勢のなかでも、青野原の捕虜兵の半数近くを占めたオーストリア＝ハンガリー兵の故国でこそ、捕虜兵の労働力としての「活用」がもっとも差し迫った課題になっていた。

労働力としての捕虜

一九一四年にガリツィア戦線でロシア軍に敗北し、大量の戦死者、捕虜兵を出したオーストリア＝ハンガリー軍は、一五年五月にドイツ軍の応援を得て反攻に移りロシア領深く攻め込んだ。その過程で今度は一〇〇万人を超えるロシア兵を捕虜として抱えたオーストリア゠ハンガリーはまず彼らを収容する収容所の建設を急いだ。しかし一九一五年後半で収容所に常時収容されていた捕虜兵は三〇〜四〇%にすぎなかった。ほとんどの捕虜兵が働きに出ていたからである。

一九一四年に戦争が始まって一六年までにオーストリア゠ハンガリーで動員された兵士は四九〇万人、それは単純にいえばそれだけの労働力が農業・工業労働力市場から消えたことを意味していた。しかも兵器製造や収容所建設、鉄道敷設など軍需産業を中心に戦争経済は一定の活況を示し、労働力不足は誰の目にも明らかだった。そこに存在した一〇〇万人を超える捕虜兵は労働力不足を補うに恰好の存在だった。

とくにロシア捕虜兵の多くは動員される前は農業に従事していたから、オーストリア゠ハンガリーでもその多くが農業に携わることになった。『ウィーン農業新聞』は一九一六年年頭の記事で以下のように書いて、捕虜兵がオーストリア゠ハンガリーの農業生産を支えている現実とさらにその労働力としての使用を増やしていくことを課題として提示した。

今日数十万人の捕虜兵がわが国の農業に従事している。多くの農業経営が成り立っているのはそのお蔭である。したがって捕虜兵を農業で使役することは何よりも国家にとって重要な意味をもっている。兵士と国民に十分な食糧を供給するためには農産物の生産を確保しなければならない。そのためには、農業経営は不足する労働力を捕虜兵によって補わなければならない。それではどうやって捕虜兵を使っていくのか、そのことを考えなければならない。〔*Wiener Landwirtschaftlichen Zeitung*(1. 1. 1916)〕

俘虜情報局はこのようなヨーロッパ情勢を捕虜兵の手紙や書籍の検閲を通じて的確に把握していたことがわかるが、俘虜情報局はそのことを前提としたうえで、各俘虜収容所に対して以下のように要求した。

以上如クナルヲ以テ吾人俘虜ノ業務ニ従事シツツアルモノハ俘虜収容期間ニ於テ未来大戦ノ場合ヲ□へ各方面ヨリ研究シ参考トシテ之ヲ将来ニ残置スルハ頗《すこぶ》ル緊要ナルコトナリト信ス依テ各官執務ノ間各種ノ研究ヲ遂ケラレ其ノ結果並将来ニ関スル意見等ハ其都度当局へ通報セラレタシ［防衛省防衛研究所「俘虜情報局ヨリ各収容所へ対スル希望事項」『欧受大日記』大正五(一九一

六)年」

俘虜情報局が「将来の」大戦に備えて、捕虜兵の労働力としての利用の研究を各収容所に求めていたことがわかる。

姫路から青野原へ

ともあれ思いがけない戦争の長期化は、姫路などの仮の収容所に収容されていた捕虜兵を山陽線から北に入り込んだ加古川中流の青野原演習場に新たに建設された建物へ移動させることになった。実際に青野原俘虜収容所の建築が始まったのは六月三日に捕虜移転指令が出されたあとである。収容所の工事は、短時日に大工事をおこなうことから、指名競争入札によりおこなわれ、大林組・大倉組など大阪を拠点とする業者との競争のなか、姫路市古二階町二五番屋敷の五百旗頭喜八《いおきべきはち》が四万一千円で落札し、一九一五(大正四)年六月二十一日に契約が結ばれた。工事は落札直後から始まり、夏のうちに青野原演習場の北端にある高岡厩舎の南側に、二六一五坪の敷地を画して、収容所施設が建築された。

大門口駅から徒歩で
青野原俘虜収容所に向かう捕虜兵たち

一九一五年九月二十日の午前中に捕虜はいっせいに姫路より青野原に移動した。当日は姫路駅より特別列車で大門口駅(現JR加古川線青野ヶ原駅)まで移動、大門から青野原台地にのぼり、演習場を西に横切って、三二三名の捕虜は新収容所に到着した。この日の、大門口付近での捕虜の隊列の写真が残されているが(陰山守男氏蔵)、この写真や、捕虜の移動を報じた新聞記事からも明らかなように、当日大門口駅からの沿道には多数の見物人があったようである。この混雑は予想されていたのか、移送前の九月十五日付で、国際法規を尊重し博愛精神をもって、いささかも捕虜に恥辱や不都合を与えないように注意をうながす小野町長の通達が出されている。

当日の様子は、捕虜側には以下のように記録されている。

一九一五年十一月二十一日、我々は自分たちに割り当てられていた寺に別れを告げ、列車に二時間乗り、さらに一時間行進した後、新しく建てられた青野原の収容施設に到着した。当初は私にはここの造作が気に入らなかった。姫路では木影のお気に入りの場所があったが、ここには低木も木もなく、ただむき出しの粘土層の土壌があるだけで、雨の日にはくるぶしの上まではまってしまうのだった。しかし我々にはここではより多くの行動の自由があり、冬には姫路よりは快適だった。我々は姫路のように木炭の火の周りに座り込む必要もなくて、鉄製のストーブが備えられ、燃料も十分だった。［「W・イエキッシュ氏資料」『AONOGAHARA捕虜兵の世界』（『小野市史』第三巻本編Ⅲ）］

そして二十五日、福岡収容所から九〇名が合流し、一九一九（大正八）年十二月末まで青野原で収容所生活を送るのである。

3 青野原俘虜収容所の日々

収容所と地域

ドイツ、オーストリア＝ハンガリーの捕虜兵たちが青野原収容所で生活を始めるまでも、収容所周辺の住民にとって、第一次世界大戦は縁遠いものではなかった。新聞紙上で連日大きく取り上げられるのはもちろんであったが、小野の河合尋常高等小学校の『学校沿革史』には、青島《チンタオ》陥落直後の一九一四(大正三)年十一月八日に、青島陥落祝賀式が挙行され、式後に児童一同国旗行列をおこない、青野原で青島攻撃の模擬戦が開催され、午後七時からは村を挙げての祝賀行事として、模擬戦と提灯行列がおこなわれた記述がある。とくに、日露戦争での、困難を極めた旅順《りょじゅん》要塞攻略戦の記憶も新しいこの時期、鮮やかな青島攻略戦の印象は強かったようで、翌年の二月にも青野原で、青島戦を想

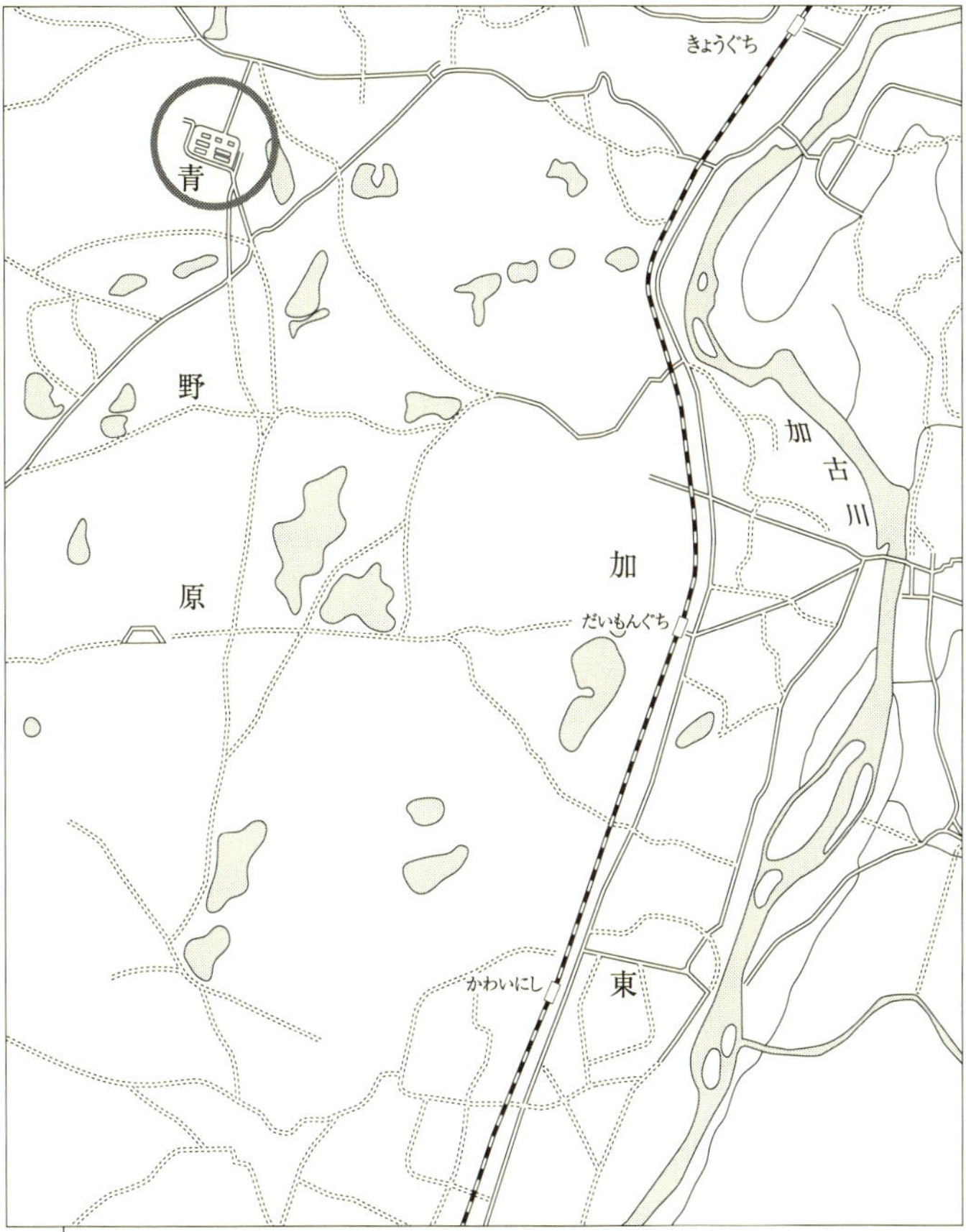

青野原俘虜収容所の位置
「だいもんぐち」駅は現在の JR 加古川線青野ヶ原駅。

青野原俘虜収容所の全景

青野原俘虜収容所内部の様子

定した同築設演習・堡塁《ほうるい》攻防演習がおこなわれている。

また、陥落後の青島に派遣された、青島守備軍独立騎兵中隊長山崎甚八郎が部下の父兄に宛てた書簡(一九一五〈大正四〉年七月十四日付)も残されている。この書簡は謄写版《とうしゃばん》で、在隊者全員の家庭に送られたものと考えられるが、神戸出帆以来の部隊の様子や、青島の街の様子が事細かに記され、中隊の「日課時限表」「被服所持定数表」、糧食の表が添付されており、在営の子弟の様子を詳細に知ることができるように配慮されている。なお、この騎兵中隊は、八月には帰還しているようである。

このようにもともと青野原周辺の地域も世界大戦と無縁ではなかったが、そこに、捕虜兵たちは移送されてくることになった。

捕虜収容所の概要

この収容所は、現在の小野市域北西端、加西市・加東市との境界が入り組んだあたりに位置する(六九頁の地図参照)。一九一五(大正四)年九月二十日付で、収容所職員の服務に関する「青野原俘虜収容所服務規則」と、捕虜を取り締まるための「俘虜取締規則」が制定された。青野原収容所は、中佐を長とする一〇名前後の所員によって運営され、捕虜たちは四〇名ほどの衛兵と一五名前後の警察官によって監視されていた。幹線鉄道から遠く離れた土地に設置されたのが取締上の利点であり、また運営上の難点でもあった。

収容所当局は捕虜兵をどのように管理しようとしたのだろうか。前記の「俘虜取締規則」には、准士官以上の捕虜には従卒と炊爨《すいさん》係をつけることができる(第七条)、面会時は日本語もしくはドイツ語を使う(第十一条)、被服・物品の修理は捕虜におこなわせることができる(第十六条)、面会・慰問金品寄贈等の件は一〇日ごとに報告する(第二十三条)などと定められている。捕虜に対する取締りは、日常の行動を制限するのみならず、情報を得るための手段としても用いられたことはすでに述べた通りである。

捕虜の構成と紛争

それでは青野原収容所にはどのような捕虜が、何人収容されていたのだろうか。まず、姫路に収容所が開設された一九一四(大正三)年十一月の時点では、全体で四六九七名の捕虜のうち、三二四名(将校八、准士官二四、下士卒二九二)が収容された。その後の移動数の合計は、ほかの収容所からの転入が一八二名(将校四、准士官六、下士卒一七二)、転出が一三名(下士卒のみ)である。差引五〇〇名弱(最大時四八九名)が青野原に収容されていた。

これらのうち、二〇〇名前後がオーストリア＝ハンガリー帝国兵である。青島で捕虜になったオーストリア兵はそのほとんどが、巡洋艦「カイゼリン・エリーザベト」(排水量四〇三〇トン、乗組員四二四名)の乗組員であった。戦死者はほとんど出ず、捕虜になった士官の多くは習志野に、下士官・兵卒は青野原に収容された。青野原の捕虜の特色は、この海軍兵でありしかも複雑な民族構成からなるオーストリア国籍兵が多数を占める点にあった。

捕虜の移動はこの民族構成に起因している。一九一五(大正四)年の六月に姫路収容所内で騒動を起こした、一〇名のイストリアおよびダルマチア地方出身者にトリエステ出身者を加えた「隔離を要する者」一三名が、十月には丸亀に移されている[防衛省防衛研究所「捕虜中隔離ヲ要スル者ノ件」『欧受大日記』大正五(一九一六)年]。この人びとの出身地は、オーストリア＝ハンガリー帝国内であったが、同盟を「裏切って」協商側に立って参戦したイタリア系が多数を占めている地方であり、イタリアとオーストリアの係争地となっていた。そのためイタリアの参戦(一九一五年五月)以降、ほかの人びととの関係が急速に悪化したものであろう。一九一五年六月二十五日付の『神戸又新日報』は「独墺俘虜の大暴行、姫路景福寺収容所の活劇、伊国水兵八名半殺しにさる」と題して、つぎのような記事を載せている。

姫路船場景福寺に収容せる敵国俘虜中事実伊太利人にして国籍を墺国に置ける三等下士二名、同水兵六名あり、過般母国が矛を執って連合軍側に左坦し独墺軍と交戦状態に入るや今迄の味方は一朝にして仇敵となり前記八名を虐待すること大方ならず、為めに彼らは哀れにも互いに相集ひて心細き末の事など打語らひつつ淋しき日を送りいたるが二十二日午後六時半の事、例の如く収容所の一隅に集まり故国の唱歌に一節を口誦みて僅かに日頃の鬱を遣りいたる所、一方百四十余名の独墺俘虜は必定伊太利国歌を合唱し以て遥かに其祖国の勝利を祈れるものならんと邪推し大いに息巻き互いに示し合わすよと見る間に百四十余名の大集団鯨波を作って現場に駆付け八名を包囲して踏んづ蹴りつつ袋叩きとし殆んど半殺しと為したり、この乱暴なる独墺俘虜に叩き延めされたる伊国人は辛くも重囲の一方に血路を開いて事務所に駆付け救助を求めたるが中一名のプリンクスキーと云えるは身に数箇所の打撲傷を負いたる為めツイ逃げ遅れ止む無く付近便所に飛込みしに凶暴なる独墺人は又亦其便所を取囲みアワヤ殴り殺しもし兼ねまじき剣幕にプリンスキーは魂も身に添わず生命からがら便所の小窓より這ひ出し一旦柵外に逃れて再び他方面より収容所内に入り事務所に駆込みて事情を訴えたり、変を聞きたる収容所にては錯愕《さくがく》措く所を知らず兎も角も被害者に対し応急手当を施すと同時に暴行首謀者の何者たるを取調中なるが当局者は一再ならぬ失態を演じた事とて右事実を堅く秘密に付しつつあり。［『神戸又新日報』一九一五年六月二十五日付］

しかし、イタリア系捕虜も黙っていたわけではない。オーストリア海軍三等水兵ブルーノ＝ピンスキー（前記プリンクスキーまたはプリンスキーと同一人物か）は、イタリア民族であるとの自覚をもっていた。協商側に参戦したイタリア軍に参加できない自身に代わって戦場に役立てたいとして、「破壊用ヂナミ

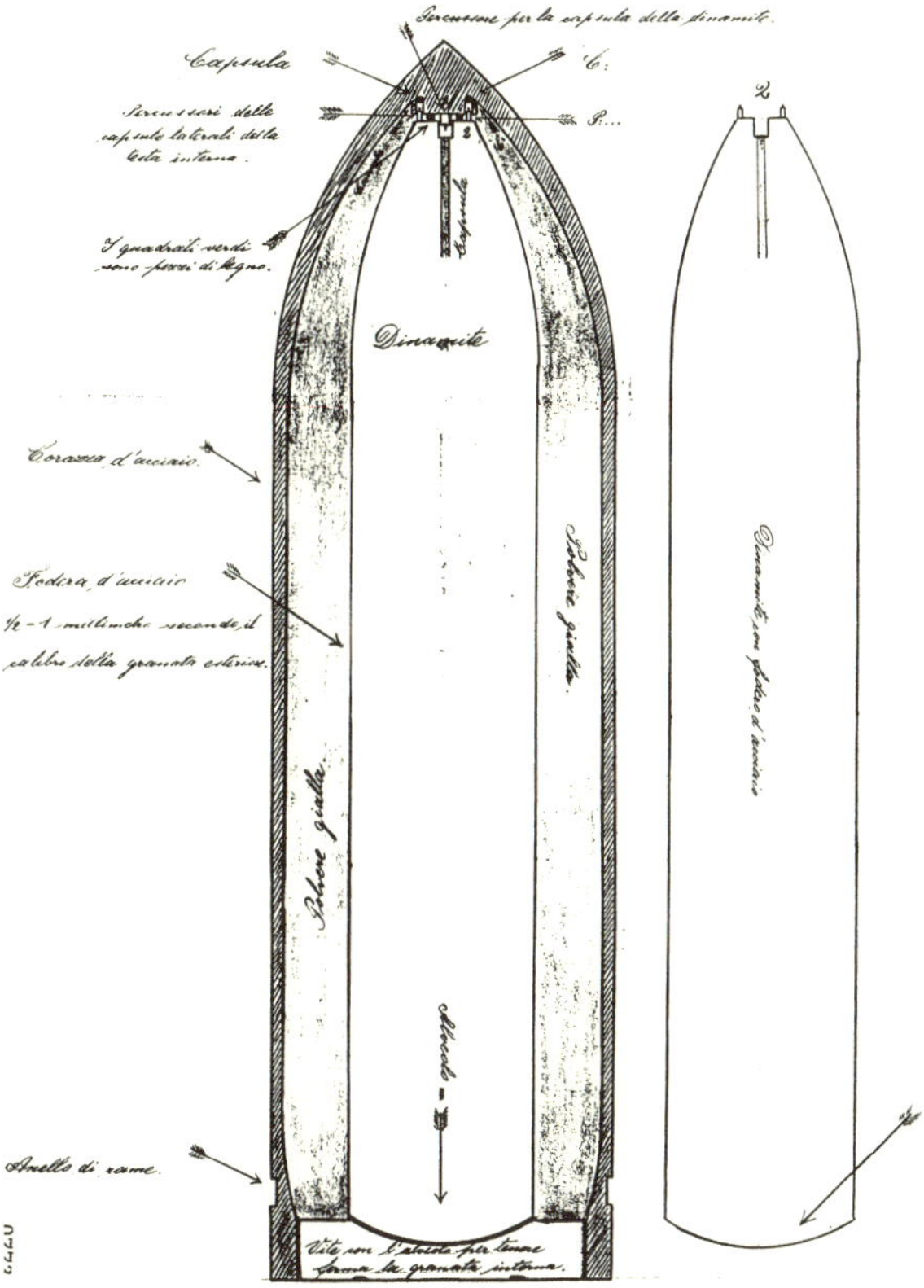

破壊用ヂナミット弾の設計図
オーストリア＝ハンガリー捕虜兵のなかのイタリア系兵士が、
イタリアの協商諸国側での参戦後、
日本陸軍の使用に供するために考案した。

ット〔Dynamit＝ダイナマイト〕弾」と「飛行機用爆弾」を考案し、その図面を提出、審査のうえ有効と認められれば、連合国において使用してほしいと願い出ていることを野口所長は陸軍省に報告した。捕虜として囚われの身でありながらも、連合国側の一員として自らを位置づけていたのである。

当所収容俘虜中ノ伊太利種族ニ属スル墺国海軍三等水兵ブルノー、ピンスキーハ伊国軍ニ参加ノ希望ヲ有スルモ現下ノ境遇ハ到底之ヲ許サザルニ依リ自己ノ代理者トシテ戦場ニ立タシムル目的ナリトテ自己ノ考察ニ係ル破壊用ヂナミット弾及飛行機用爆弾ノ断面図ヲ呈出シ願ハクハ日本政府ニ於テ審査ノ上有効ト認メラレナハ連合軍側ノ用ニ供スル如ク取扱ワレ度シト申出候、斯術上何分ノ参考ト相成儀トモ被存候ニ付本人調製ノ別紙断面図及送付候也。〔防衛省防衛研究所『欧受大日記』大正五（一九一六）年三月三十一日付〕

転入は、縮小・廃止される収容所からによるもので、一九一六年十月に福岡から七四名が転入していることがめだっている。また、姫路と青野原への収容中に死亡した捕虜は下士卒のみ六名であり（日本の捕虜全体では八六名）、姫路市名古山墓地にそのうち三名の墓が確認される。捕虜の遺骨は持ち帰ることを

青野原俘虜収容所で死亡した捕虜兵の墓

許されており、引取り手がある捕虜の場合、その墓は日本には残らなかったのではないかと思われるが、これら三名の場合はどうだったのであろうか。ちなみに、写真によると青野原収容所にも墓があったようであるが(前頁参照)、この墓は現在では確認できない。

一九一八年十一月の停戦後、ドイツ、オーストリアとも大きな政治的変動を経験することになった。ドイツでは帝政が崩壊し共和政が成立した。とくにオーストリア＝ハンガリーでは、帝国を構成する各地域があいついで独立を宣言し、青野原にいた捕虜たちは、いながらにして国籍が変わることになった。このため、講和前に解放される捕虜が続出し、その数は青野原俘虜収容所では一二四名(将校二、准士官九、下士卒一一三)におよんだ。

青野原俘虜収容所の俘虜の移動数

	戦地で直接収容	異　動	死　亡	解　放	引渡員数
将　校	8人	＋4人	人	2人	10人
准士官	24	＋6		9	21
下士卒	292	＋172－13	6	113	332
合　計	324	＋182－13	6	124	363

『小野市史』第三巻より

この解放者数は全国で三八六名におよんだが、青野原は習志野の一七一名についで多かった。准士官以上ではとくに高率(一五名〈全国〉中一一名)であった。表はその概要をまとめたものである。また、それ以前に以後戦争中武器を取らないと宣誓して解放された捕虜も若干名いたようである。これらの結果、一九一九年十二月に引き渡された捕虜は三六三名(全国で四一二〇名)であった。以上見たように、捕虜の複雑な構成は収容所にさまざまな影を落としていた。

技術者たち

一方で巡洋艦「カイゼリン・エリーザベト」の乗組員が大多数を占めていた青野原の捕虜は、技術者の集団でもあった。軍艦は、さまざまな機械・部品で構成されているために、その乗組員にもさまざまな技術が要求されていたのである。防衛省防衛研究所所蔵の「大正三年乃至九年戦役俘虜ニ関スル書類」には五〇名が「特種技能」をもつ者として計上されている。

一、発動機　一名、半馬力石油発動機ノ製作ナリ
一、釦《ボタン》製造機　二名、「フロッコト」等ニ使用スル釦(金属製釦ヲ布片ニテ

包ム）製造機ノ製作ナリ
一、模型船舶　二名、「ボート」型帆船ノ製作ナリ
一、同家屋景色　一名、田舎ノ景色ヲ背景トセル欧州農家ノ模型ナリ
一、各種人形　一名、
一、各種玩具　一名、
一、ピアノ　二名、
一、ヴァイオリン　一名、
一、ギター　一名、
チムバール　一名、
一、家具　四名、　額縁、手拭掛、巻煙草《たばこ》入、文具類、裁縫箱、装飾箱、茶盆、菓子器、椅子、机、将棋盤、写真台等ノ製作ナリ
一、金属工　一八名、　灰落、手提金庫、装飾箱、巻煙草入、文鎮、文具、ナイフ製作ナリ
一、菓子製造　七名、各種ノ菓子ヲ製造ス
一、腸詰製造　二名、燻焼肉、塩付《しおづけ》〔漬〕肉ヲモ製造ス

一、靴工　二名、長靴、短靴、上草履ヲ造ル
一、縫工　二名、男女洋服ノ製造
一、絵画　二名、
〔防衛省防衛研究所「大正三年乃至九年戦役俘虜ニ関スル書類」『小野市史』第六巻史料編Ⅲ〕

絵画などを得意とする者よりも、細かい技術を要する金属工・家具工などが多いことが目につく。彼らの技術力は一九一八（大正七）年十二月に開かれた捕虜製作品展覧会で遺憾なく発揮されることになるが、楽器の製造が可能であったり、食肉加工技術をもっていたことは、捕虜たちの余暇を充実させ、食生活を豊かにさせることになった。

そして、日本側でも「我国には未だ無い工業等に秀でたものがあるならば其捕虜を雇うことが出来る」（『鷺城新聞』一九一四〈大正三〉年十一月十一日付）とし、日露戦争当時のロシア兵俘虜ミハイル・ムラウスキーによる革鞍《くら》技術の導入の事例を引用し、先進文明国の技術を摂取し、わが国の産業の発展に資するとする意識が働いていることが見てとれる。すでに姫路で収容されていた時点で専門

技術を有する捕虜を活用しようと、一九一五(大正四)年一月頃より捕虜兵の職業調査がおこなわれている。そして、他方で地元の商工業者より求人希望のアンケートを採り、特殊技能の導入に努めた。

昨今各俘虜に就て、一々軍隊に入る前の職業を調査し居れるが、元来我邦より年々留学生・研究生を派遣し居れる先進国だけありて、一兵卒にても却々侮り難き技術者あり、之を有用に利用する時は国家経済上頗《すこぶ》る有益の事業多き見込みなれば調査完成の暁には当地方産業界の状況を斟酌《しんしゃく》し、捕虜取締規則に違反せざる範囲内に於いて日々工場会社に出勤せしめて捕虜の技能を発揮せしむる考えなり。〔『神戸又新日報』一九一五年四月五日付〕

五月にまとめられた職業調査票を見ると、捕虜活用の体制は整えられている。『大阪朝日新聞』の記事を見ると「彼等中最も多数なるは指物師の百一人あり、次で電気工の八十五人等にして全部調査の結果優秀と認め得べき者四百四十余名あり、中に飛行機製造者一名あるは甚だ奇とすべく」(一九一五年五月十四日付)と注目している。

技術を買われて、一九一八年五月には、姫路在住の商人泉平太郎によって、

「発動機ノ設計及ポンプ製造」を目的とし、収容所の近くに施設が造られた。捕虜のうち六名が、一日七時間、日当五五銭で勤務した。日当のうち二割は国庫に納められたが、残金は捕虜が自由に使用することができた。

このように、青野原に収容された捕虜には、⑴オーストリア＝ハンガリー帝国の出身者が多い、⑵技術者で構成されている、という「カイゼリン・エリーザベト」の乗組員が大部分を占めることによる特殊性がみられるのである。

運動・娯楽・趣味

捕虜たちは管理の意味もあって、バラックで就寝することになっていたが、昼間の行動はかなり自由であった。バラック内でも将棋(チェスか)・カルタ(トランプ)・ビリヤードや読書・音楽・演劇などが許可されていたが、注目されるのは四阿《あずまや》が建設されたことである。七〇棟ほどになったといわれるこの四阿は、火事にさえ気をつければ、ある程度自由に室内を飾りつけることができたようで、捕虜たちの「娯楽所」として機能していた。また、小さな「音楽堂」も建設され、ピアノ・ヴァイオリン・オルガンなどによる演奏もおこなわれた。

体を動かすことも奨励され、また、捕虜たちも日課を定めて規則正しく活動したようである。スポーツではサッカーが盛んであり、そのほかテニス・ボクシング・体操などが主におこなわれた。体操については体操班が編制されて、空のビール瓶を売ってダンベルを調達したり、自費により鉄棒・横木・跳び箱が設けられたと報告されている。サッカーについては、小野中学校および姫路師範学校との親善試合がおこなわれており、青野原俘虜収容所には姫路師範学校のチームと交流試合をしている記録が残っている。

さらに、捕虜には収容所から外出することも許されていた。姫路時代には姫路城に登ることもあったが、青野原では、おおむね週一回、交通の多い地区を避けて、神社仏閣を見学させたり山野を歩かせたりした。また、一九一九(大正八)年の十一月と十二月には、間近に迫った解放に関連する用事をもつ者二四名を、神戸市に赴かせている。この際は、通常以上の厳重な監視をおこなった。

また青野原でも蛇が飼育されていたようだ。

捕虜兵たちによるマスゲーム
青野原俘虜収容所には
捕虜兵たちによって
体育協会がつくられていた。

捕虜兵たちが姫路師範学校と
サッカーの試合をしたときの
記念写真

収容所全体が蛇の食料のため蛙を捕まえるのに忙しくなった。見張りの兵たちは塀の外で蛙を捕まえる捕虜たちを観察して楽しみ、退屈をしのいだ。そして、またしょっちゅう自分達の弾薬入れに蛙を入れて収容所へやってきた。〔「ケルステン日記」『AONOGAHARA捕虜兵の世界』(『小野市史』第三巻本編III)〕

豚を飼う

青野原俘虜収容所では一九一八年七月になってパン焼き窯がつくられることになった。じつはその前年に陸軍大臣に設置を申請したときには却下されるという経緯があった。その後になって陸軍省は方針を変え、捕虜兵の給養はできるだけ自給させようということになった。しかし経費を節約するため、設備を簡単にし、規模も縮小することでパン焼き窯の新設が認められることになった。捕虜兵たちが求めていた豚の飼育が認められたのもその文脈で理解できる。またパンを自分たちで焼けるようになった結果、パンの供給が増えてその分豚のえさになる残飯が増えたことも豚を飼ううえで有利に働いた。青野原俘虜収容所での生活を克明に描いたケルステンはとりわけ豚の飼育に熱心でそのあたりの事情を次のように述べている。

結局一九一八年四月半ばに豚を飼うことも許された。給食業者が自宅に新しい豚小屋を造ったからである。彼はその替わりにそれまで使っていた豚小屋を使わせてくれたが、それは収容所から約八〇〇メートル離れた林の二つのせき止められた沼の堰堤にあった。その小屋は豚が一五頭も入ればいっぱいだったが、我々はすぐにビール箱の板で増築して三分の一だけ広げた。飼育はジーメンスによって伝染病基金として提供された一二〇円を使った。豚はいつでも私達の食事に供されるために収容所側に売却されるはずであり、したがって基金は確保されるという思惑があった。一頭の割り当てられた繁殖用の雌豚と二頭の食用の豚、そこから豚の飼育が始まった。私達は一頭の病気の子豚を手に入れた。その豚を我々は日本人に知られることなく私のバラックで引き取り、寝台の板張りの板を外して、その子豚を寝台の下の、すぐに取り外せる低い木の格子の中に置いた。我々のパンの割り当てがほぼ二倍になった後で、六〇人の食事から大量の残飯が出た。そこで子豚はたらふく食い、「金持ち」が食堂のミルクをめぐんでくれた。毎日きれいにつみ取られた寝藁をあてがわれた「ムッツ」〔豚の愛称、モーリッツの短縮形〕は六週間たって丈夫になって豚小屋に入ることとなった。ムッツは犬のように人慣れしていて忠実であり、呼ぶと我々の所に来て、しばしば自由に走り回った。豚の世話係の役割を果したのは、もともと一人の農民と二人の肉屋だった。一九一八年八月繁殖用の雌豚が七頭の子豚を産んだ。収容所長は彼のまだ使っていない二つの馬小屋を使わせてくれ、それが今や出産の小屋となった。そして母豚と子豚は最良の状態で育てられ、子豚はたくましく育った。

同じ頃、二人の肉屋は給食業者から豚を買い、それを収容所内でつぶして所内販売用のソーセージを作る許可を得た。その代わりに私が豚の世話をするようになった。それで豚の世話係は二人になったが、たまった仕事に合わせて、我々は手伝い人を六人まで連れていくことができた。その人数は出発三〇分前に報告しなければならなかった。その後は文書での許可を当局から取り、二〜三人の歩哨と一〜二人の警官による監視の下、飼料を手押し車で小屋へ運んだ。パン焼きの残飯を使って飼料代をかなり浮かしたので、七頭の子豚を含む二四頭の動物でときには小屋を満杯にすることができた。

その当時には青野原俘虜収容所の近辺ではまだ豚を飼育することはまれで、多くの人が豚の飼育を見学するために収容所を訪れた。

初めのうちは、日本人が何百人と我々の「飼育業」を見学するためにやって来た。大抵は事前に当局にその旨届けていた。訪問に来たのは、農業学校生や専門家、師範学校生、将校などの軍人たちだったが、時には普通の市民もいた。確実に彼らは学ぶことを目的としていた。というのは四年間の戦争が日本人におそらく、肉食用に家畜を育てるというのは何たるかを示すこととなったからであろう。たとえば、我々が日帰りの遠足で通った、住民数一万五〇〇〇人の町では、肉屋が一つしかなかった。どんどん規模が大きくなっていく軍隊を、とくに戦争中は鶏と野菜で養うことはできなかった。牛もきわめて少なかった。冬には小屋に保温のためにわらがまかれた。

本来捕虜兵たちには水泳は禁じられていたが、豚の飼育係を務めていた捕虜兵たちはひょんなことから水泳を楽しむことになった。

三月の初めから一一月の半ばまで、我々豚の飼育係は水泳パンツ一枚身につけるだけで働き、仕事の後湖沼へ行って体を洗った。そして若干の面白い体験をした。日本人は寒いと外出したがらなかった。我々はいつも給食業者の飼育小屋の前を通らなければならなかったが、飼料の不足に直面して彼の飼料を「徴発」せざるを得なかった。というのも彼は、約束したように安い飼料を世話してくれることを、考えてもくれなかったからである。とくに寒いときや天気が悪いときは、我々豚の飼育係二人だけで出かけることとなった。歩哨一人と警官一人の監視付きで、私は鍵のかかっていない戸から小屋の低い垣内に入り、開放式のエサ場に行った。そこにはたいてい六〇ポンドの袋が百個くらい置いてあり、その一つを摑んで、垣の外で待っている仲間に手渡した。監視人たちは、あたりまえのことをしているかのように、ただじっと眺めていた。そして失敗することはなかった。暑い日には水浴びしたり泳ぎたい気持ちが我々を襲ったが、それは司令官によって堅く禁じられていた。捕虜が死んでもどんな補償もないからだった。我々二人の豚の飼育係は三から三、五メートルの広さの堰堤で争いとなり、水を背にした側にいた飼育係が一突きされて水門の端、水深五メートルの所に落ちて、浮び上がってこなかった。そこでもう一人が飛び込んだ。二〇メートルから二五メートルくらい離れた所で二人は浮かび上がった。監視人はびっくりしたが、次の瞬間我々を笑い、それをもう一度見たがった。泳ぎは堅く禁じられているからと、我々が断ると、彼らはつかまらないように自分たちが見張っといてやると答えた。そうして我々と、さらに多くの手伝い人もほとんど毎日泳ぐことが出来るようになったのだった。監視人たちの間では、我々が泳ぎ方を見せるよう要求されている、という噂が広まっているようだった。というのも彼らには実態ははっきりとは知らされていなかったからである。

一〇〇キロ以上の重さがある雄豚が逃げ出したときには大捕物となった。一度雄豚が、私の仲間の手をするりと抜けて、逃げることに成功したことがあった。仲間の呼ぶ声で、私は、蛇よけのためにいつも小屋を囲むようにして置いてあるこん棒で森への道をふさぎ、もう一人の豚の飼育係を呼んだ。豚は、湖沼の岸に沿って、道が遮断されるまで走っていき、そして右に折れて水のなかに入っていった。その豚はまったくうまいこと元気に泳いだが、二〇〇メートル離れた向こう岸に着く二〇メートルくらい手前で私は追いついた。私は豚のしっぽを捕まえて振り回し、しっぽを持って引き戻した。そして縄で脚を結わえて、小屋へ連れ戻した。また別のときは、雄豚が私から逃げて森の道を突進していった。私はこん棒を手にすると、その豚に追いつき、一発お見舞いした。それは間違っていた。私は豚を追い抜く前に打つべきだったのだ。私の一撃を受けて、その豚はよけいに早足で飛び抜けていってしまった。丁度この瞬間一緒に走ってきた歩哨が木の根っこにつまずき、彼の銃が大きな弧を描いて空に舞い、彼はそれよりは小さな弧を描いて後ろに倒れた。豚は左方の森の中へ走っていった。私はそのスピードに追いつけなかった。しかしまもなく干上がった小川の川床を豚は渡ろうとし、彼岸の多少険しい勾配で手こずって、干上がった小川に沿って走り出し、道路の橋まで来たが、それを渡れずに、川床から右へ出ようとした。私はそいつが険しい岸に手こずっている間に近づき、上から飛びかかって、耳の所を抑えた。そこに歩哨もやって来た。手で耳の所を引っ張り、右のひざで押しながら、私は雄豚を路上で斜めに抱え上げた。それはやっかいな仕事だった。豚は少なくとも二、五ツェントナー〔一二五キロ〕以上の重さがあった。豚はもはや走ろうとせず、そして私はそいつを同じ場所で長い間、背中を押さえ、ひっぱったり、押したりして、まず道に沿って前へ動かそうとしなければならなかった。そして私は森の道へ曲がる際、わら縄が落ちているのを見つけた。歩哨に止め輪を作ってもらって、私は豚を縄でつなぎ、やっと手を離すことができた。ところが耳から手を離すか離さないうちに、豚はもう向きを変えて引き返そうとした。私は疲れ果ててしまった。そいつをもとのコースに戻そうと最初にしたときに、豚は縄をくいちぎって駆け足で走り出そうとした。そいつが走り出す前に、私は再び彼の前に身を投げて止めて、さらに小屋まで三〇〇メートルそいつを引きずっていかなければならなかった。〔「ケルステン日記」『AONOGAHARA捕虜兵の世界』(『小野市史』第三巻本編Ⅲ)〕

捕虜製作品展覧会

一九一八(大正七)年十二月には捕虜製作品展覧会がおこなわれた。この展覧会は、捕虜が作成した作品を展示・販売することにより、捕虜には収入を得ることになり、日本側はオーストリア人・ドイツ人の優れた技術に接することができるという、お互いに利益になる催しであった。

この展覧会は、当初十一月十五〜二十日に六日間にわたって開かれる予定であったが、十一月には同盟国の降伏があいついだためか、十二月十四〜十九日に変更して開催された。陸軍大臣に提出された実施計画から展覧品を抜き出してまとめると次ページの表のようになる。このうち「籾取器械《もみとり》」「秣草切取器《まぐさ》械」はとくに加東郡農会の依頼によって作成されたもので、収容所周辺地域の農業技術の発展という観点からも注目されるものである。

このときの展覧会の趣旨説明で、青野原俘虜収容所長宮本秀一は、展覧物品がドイツ、オーストリアの捕虜たちが少ない道具を使って、場所も狭いのに多くの日数を費やして大変な労力をかけて製作したものであるとして、その努力

捕虜製作品展覧会出品予定作品

品　目	数量	備　　　考
楽　器	18	ピアノ、セロ、ヴァイオリン、チイテル、ギター、チムバール
木工品	102	額縁、手拭掛、巻煙草入、文具類、文庫、茶盆
金属製品	144	灰落、巻煙草入、机飾、大砲ノ模型、自動車模型
諸器械類	6	石油発動機 3、釦製造器、籾取器械、秣草切取器械
靴	11	
絵　画	94	
標本類	10	タンク、機械水雷模型、船舶(カイゼリン・エリーザベト)、墺国農家ノ模型
写　真	50	
玩　具	150	
雑　品	6	
食料品・菓子類	42	腸詰め、カステラ
その他		展覧物品目録、記念絵葉書、馬鈴薯栽培法、豚の飼養および屠殺法

「展覧会開催ノ件」(『欧受大日記　大正 8 年 4 月』)より作成。

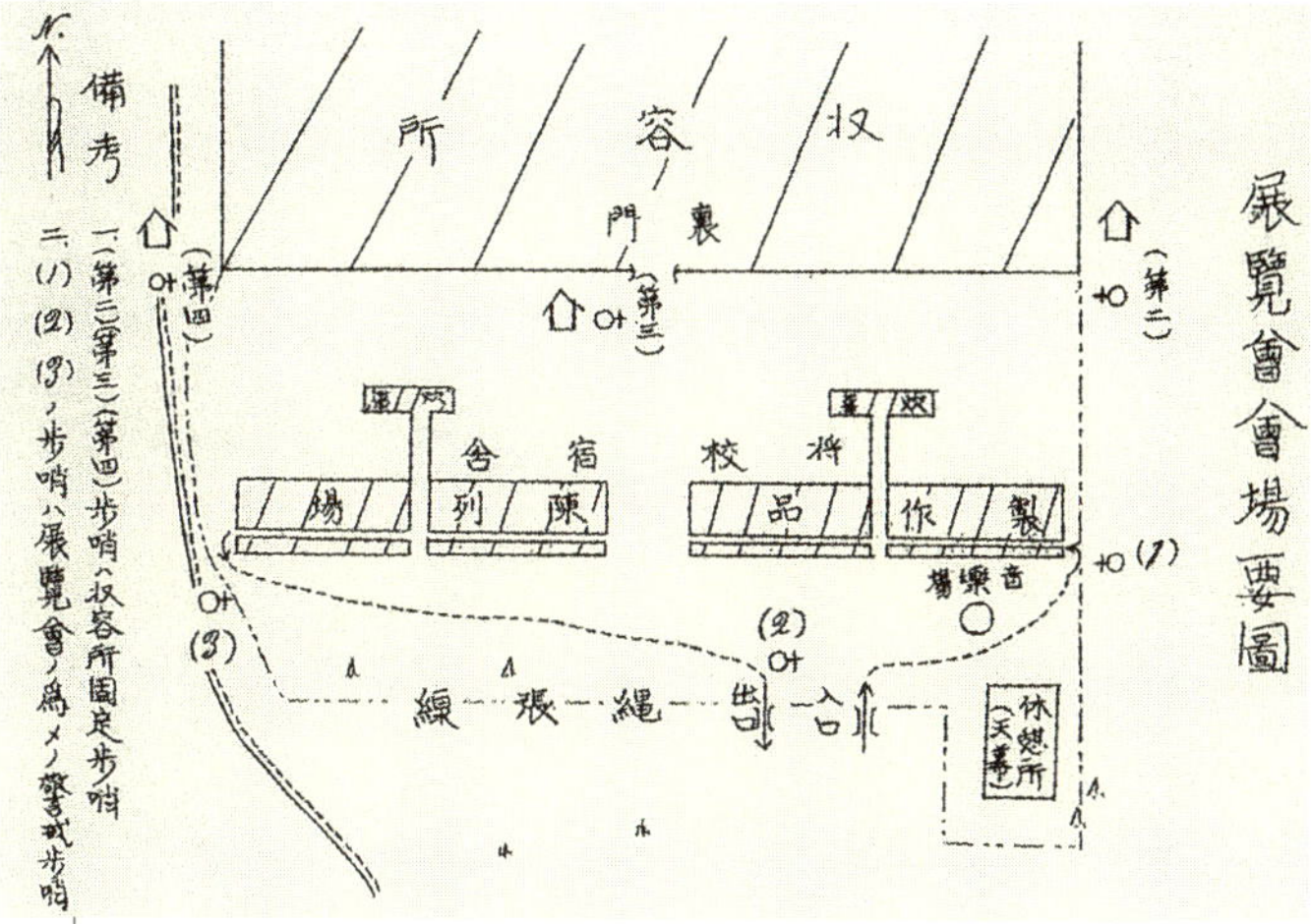
展覧會會場要圖
収容所
裏門
（第二）
（第三）
（第四）
将校宿舎
製作品陳列場
音樂場
休憩所（天幕）
縄張線
入口
出口
(1)
(2)
(3)
N.
備考
一、（第二）（第三）（第四）歩哨ハ収容所固定歩哨
二、(1) (2) (3)ノ歩哨ハ展覧會ノ為メノ警戒歩哨

展覧会会場要図

捕虜兵が製作し、展覧会で展示販売された灰落し
次ページの井戸と同じ形をしているが、
屋根のところに燐寸を置く台がついている。

現在も青野原に残る井戸
この井戸で一九一八年七月に捕虜兵が自殺したと考えられる。

捕虜兵が製作し、展覧会で展示販売された煙草道具
唐草模様に世紀末ウィーン様式の影響がみられる。

捕虜兵が製作し、展覧会で展示販売された煙草道具

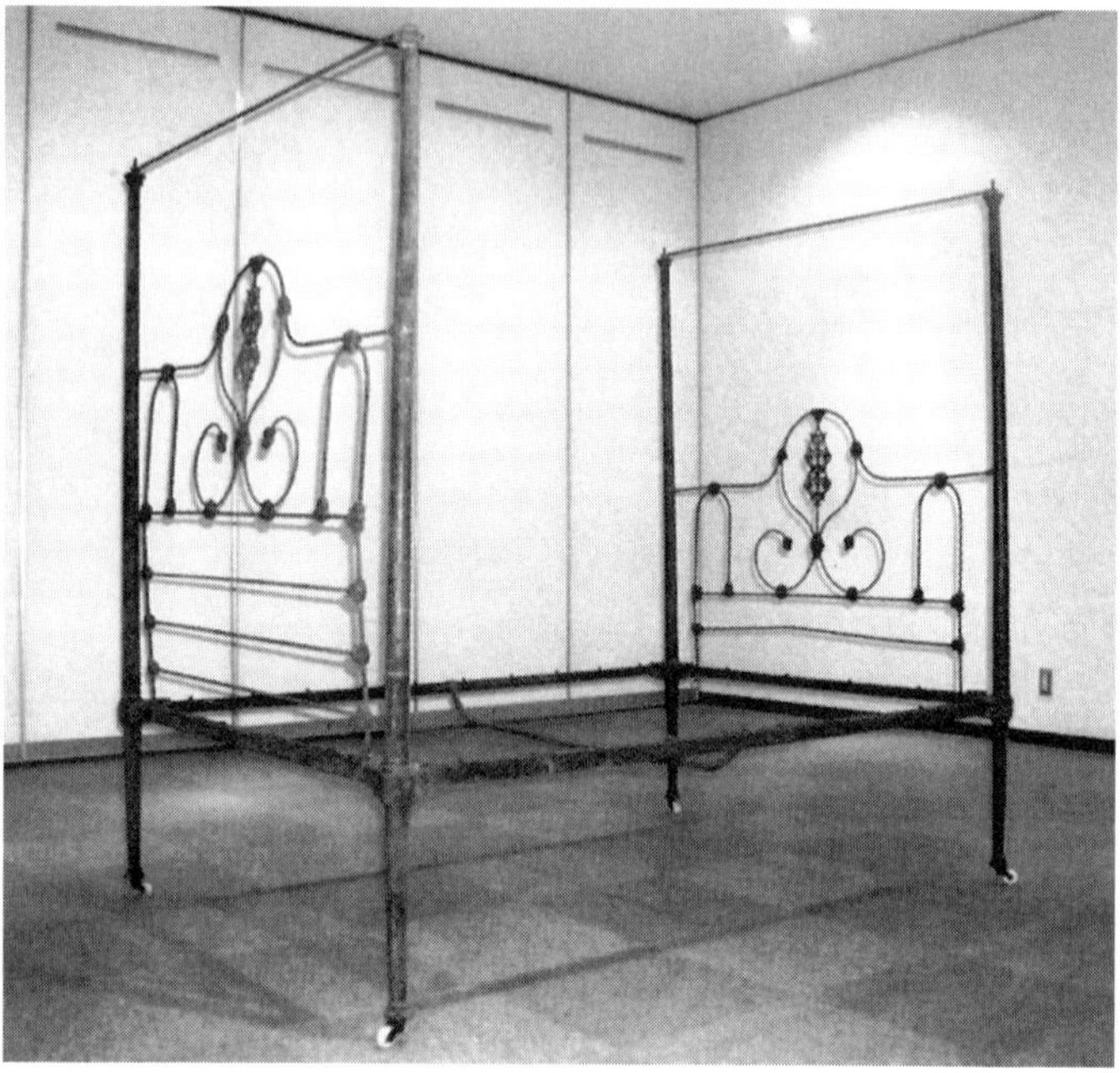

捕虜兵が製作し、
展覧会で展示販売されたベッド枠

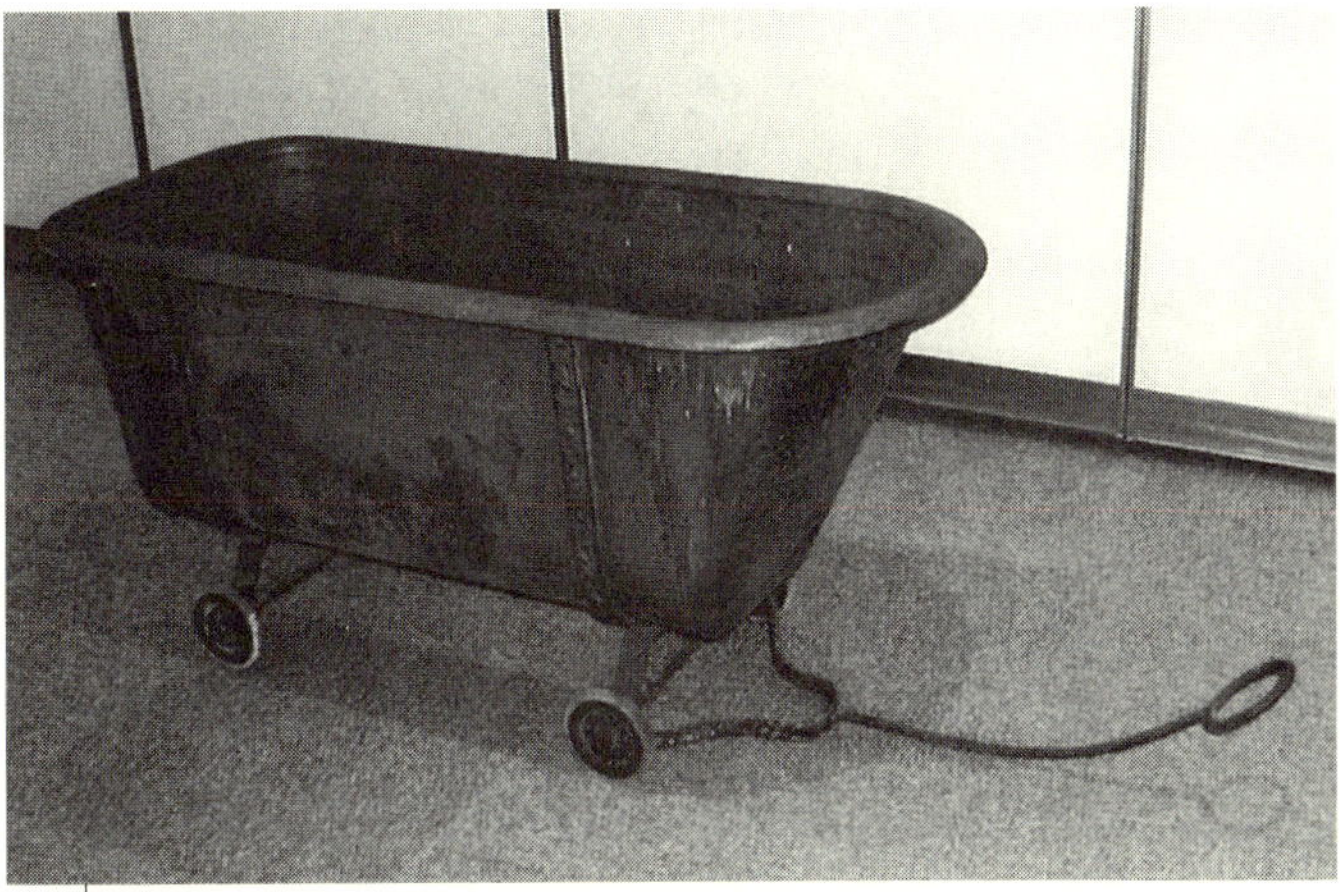

捕虜兵が製作し、
展覧会で展示販売された風呂桶

ドイツ軍の砲兵で捕虜になったイグナッツ・シェフチェックが所持していたと思われる刺繡
ドイツ租借地が意匠を凝らして刺繡してある。

オーストリア捕虜兵が所持していたと思われる刺繍
中央にオーストリア＝ハンガリー帝国の紋章、双頭の鷲が、紋章の下には「カイゼリン・エリーザベト」の刺繍がある。

捕虜兵が製作し、展覧会で展示販売された十枚組の絵葉書
青野原俘虜収容所の生活ぶりと故郷を思う気持ちが伝わってくる。

捕虜兵が描いて
青野原近隣の住民に寄贈した油絵
「クロイツァー」の署名が見える。

を高く評価し、主な作品について詳しい説明を付している。そのなかで「灰落し」を取り上げて、「わが国の西洋文具店等で売っている紙巻タバコの吸殻入れで、日本式井戸屋根の形をしている」と紹介している。展示品は販売されたが、この灰落しも買い手が見つかって、その品は現在われわれも見ることができる。そして奇しくも青野原俘虜収容所の遺構のなかでわずかに残っている井戸がまさに現存する灰落しとまったく同じ形をしている。ただ灰落しには燐寸《マッチ》箱を載せる台がついていて、そこだけが違っている。そしてこの井戸にまつわるもう一つの物語があるが、それは悲劇の物語である。

一九一八年七月二十九日、青野原俘虜収容所長宮本秀一は陸軍大臣大島健一につぎのように報告した。

七月二十九日午前六時日朝点呼の際右俘虜〔ドイツ膠州湾《こうしゅうわん》守備隊海軍一等筆記生ハンス・シュロットフェルト〕ノ不在ヲ発見シ直チニ俘虜数名ヲシテ所属班内及其附近ヲ捜索セシメシモ発見セスヨツテ日直仕官ハ衛兵控兵ヲ呼ヒ点呼場ヲ警戒セシメ所附下士及衛兵控兵ノ一部ヲ以テ諸所捜索ニ従事セシモ発見セス依リテ俘虜ヲ解散シ全員ヲシテ所内全部ヲ捜索セシメシニ午

前六時三十分ニ至リテ南兵舎北側井戸ニ於変死シアルヲ認メタルヲ以テ直チニ之ヲ井戸ヨリ引揚ケ人口〔工〕呼吸ヲ施シ一方軍医ニ急報シ其ノ来所ヲ待チテ極力応急処置ヲ為シタルモ遂ニ蘇生スルニ至ラス（防衛省防衛研究所『欧受大日記』大正七〈一九一八〉年欧受一二四〇号）

捕虜を援助する人びと

捕虜は決して収容所で孤立していたわけではない。第一次世界大戦の場合、戦時中でも軍籍にないオーストリア人・ドイツ人に対して、監視はつくものの行動の自由は保障されていた。力戦むなしく降伏し、収容された捕虜たちに対してはさまざまなかたちの援助がおこなわれた。本国や日本および中国在住の家族・親族による送金・書籍など物品の送付が代表的である。しかし、現役の海軍兵が多く、極東に家族をもたない者が多い青野原の捕虜たちにとっては、捕虜援助会などによる物品・金銭の送付がありがたかったに違いない。これらの活動の中心となったのは、ハンス・ドレクハーン（ドイツ人、東京市京橋区築地四八番地在住）である。彼はドイツを代表する軍需会社ジーメンス社の日本における代理人であった。その地位とジーメンス社の財力を背景に、捕虜たちに積極的に支援をおこなった。

ドイツの利益代表であるスイスの外交当局も捕虜たちの処遇に注文をつけるのにやぶさかではなかった。一九一八(大正七)年五月二十四日午後二時、スイス公使フェルディナント・ドゥ・サリスが、ドイツ捕虜の生活状況改善を外務大臣後藤新平に申し入れている。

この申し入れは、ヨーロッパ戦線では頻繁におこなわれている捕虜の交換ができない現状をふまえ、長年にわたる捕虜生活での神経系統の痛み、身体の健康を損なった捕虜たちのために以下のことを申し入れていた。

食費の増加

現今以上の運動

各収容所とくに久留米収容所での窮屈さの解消

廃兵の健康回復のための転地

この申し入れは、前述のハンス・ドレクハーンらが東京に組織していた東京救護委員会が五月十六日付で作成した陸軍大臣宛の願書に添えられたものである。この願書自体は、日本当局が捕虜に「武士道的待遇」を与えていることを感謝しつつも、⑴生活費の膨張により給費が十分でなくなり、栄養不足を訴える捕虜が増加しているので、給与を増額してほしい、⑵仕事の欠乏や、行動の自由の不足、単調な生活は捕虜の精神に沈鬱の感を呼び起こし、「精神病の一種の兆候」を示している、その解決策としては、将校については赤十字転地療養所への収容、兵卒については遊歩時間の増加を求める、といったものであった［捕虜雑纂一―一、一九］。

この件に対しては、外務省から問合せを受けて、陸軍は六月二十二日に回答をしている。つまり、陸軍としては捕虜の健康状態について、相当の考慮をしているので、多数の捕虜は現況に満足している。一部の捕虜が、捕虜であることを顧みず、取締りの範囲以上の要求を唱え、感情的に誇大の事項を陳述して、面会者や通信を通じて誤聞が伝えられたものである。つねに国際法規に基づき、人道上の見地から捕虜を取り扱っているので、スイス公使にはそのように回答してほしい。

一、捕虜の食費は、「繁激の労務に服する我軍隊の食費」以上の支払いをしている。ドイツそのほか交戦国内の捕虜の給養に比しても不良ではない。
一、捕虜の散歩についても所員の繁労にかかわらず回数を増加している。
一、収容容積を平均するために、収容換えをおこなっている。運動場娯楽場を拡張し、娯楽読書用小舎の設置も許可している。久留米については、収容人員を減じて、相当の設備をなすことにしている。
一、転地療養の要求については、もともと収容所の位置じたいが健康に適する地であるし、衛生にも気をつけている。安心してほしい。

それより前、一九一七(大正六)年十月二十九日には、オーストリア＝ハンガリー帝国の利益代表である、駐日スペイン公使が青野原を訪問している。この際、公使は直接捕虜たちとも会話しているが、公使に対して要望を出しているのは将校のみであり、また実際に収容所を巡視したのは一時間ほどで、なおざりの感は否めない。それでも利益代表者が実際に収容所を訪れる意味は、まったく公開されない状況に比べると大きいであろう。

国際赤十字の調査団も来訪し、報告書を残している。パラヴィッチニを団長とするこの調査団は一九一八(大正七)年六月三十日から七月十六日にかけて全国の収容所を訪問した。収容所を訪問すると、まず収容所長から収容所の状況説明がおこなわれ、そのあとであらかじめ送付されていた質問書への回答が書面でおこなわれた。パラヴィッチニが青野原を訪れたのは七月七日、その結果を以下のように記録している。

捕虜兵たちは強制的にではないけれど勤勉に働いている。仕立て屋と靴屋は日当として七銭稼いでいる。料理長も七銭、コックは四銭だが、四銭が「労役」と呼ばれる仕事の普通の日当である。庭園の意匠と四阿《あずまや》の配置が収容所を親しみやすくしている。だからそれに当てる面積はもっと増やさなければならない。良質のパン、楽器、タバコケースなどが収容所内で生産されている。さらに最近では工作機械の製造も企てられている。収容所の外の土地、一万平方メートルが無償で貸与され、かつては荒地だったところが捕虜兵たちが一所懸命耕したお蔭で、豊かな耕地に変身した。そこでジャガイモ、大根、ほうれん草、トマトなどが栽培され、食卓に彩を添えている。豚、ウサギ、カモ、鳩も飼育されている。秋にはこうした収容所の生産品の展示会が予定されていて、販売することもできるようになるはずである。

働いていないときには、捕虜兵たちは絵を描いたり、音楽を演奏したり、体操やスポーツをしたりしている。毎日午後には四阿で演奏の練習をして、祭日には演奏会がおこなわれる。収容所には二面のテニスコートがあり、日曜日には収容所の外でサッカーをしている。一週間に一度、一日がかりで遠足に出かけて、見せもの見学して帰ってくる。[*Bericht des Herrn Dr. F. Paravicini, in Yokohama, über seinen Besuch der Gefangenenlager in Japan (30. Juni bis 16. Juli 1918)*, Basel & Genf, 1919]

捕虜の不満

パラヴィッチニはこのように青野原俘虜収容所の捕虜兵の生活を好意的に報告しているが、将校たちのあいだにある不満をつぎのように伝えている。

とくに将校たちにとって、若い日本軍将校のそっけない、あるいはぞんざいな態度や、たいした理由もなく収容所当局に呼び出されることは屈辱と感じられた。ドイツの将校でもっとも位階の高い将校が神経質になって、神経が昂ぶっているように見受けられた。［*Bericht des Herrn Dr. F. Paravicini, in Yokohama, über seinen Besuch der Gefangenenlager in Japan*（*30. Juni bis 16. Juli 1918*）, Basel & Genf, 1919］

またスイス公使は国際赤十字に対して、基本的にはパラヴィッチニと同様に日本の捕虜政策を評価しながらも、名古屋の収容所に比べて青野原俘虜収容所は改善すべき点があることを報告した。

青野原の収容所は、私にあまり良い印象を与えませんでした。そこではある騒乱があり、その主な原因を察することができます。まず、名古屋の収容所とは逆に、青野原収容所には非常に多くの集団が隠しこまれていて、その全体をよく理解することはできませんでした。つまり、たとえドイツ人捕虜、オーストリア系ドイツ人捕虜、さらにハンガリー人捕虜までもが彼らのあいだでは「折り合いよく」暮らしているようであっても、収容所におけるクロアチア人、ボスニア人、スロヴァキア人といった少数民族系捕虜兵の存在が、軋轢《あつれき》や不和を引き起こすには十分な存在だったからであります。私になされた主な要求は、例えば、オーストリア兵士の代弁者が言ったことですが、彼らの祖国への帰還の際には、ドイツ人とハンガリー人だけで集まって帰りたい、それ以外のどの地域の人とも一緒には帰りたくないということでした。それから、収容所の外観ですが、すべて褐色の木造の高い仕切り壁に取り囲まれており、そのせいでかなり陰気で、収容所のモラルに悪い影響を与えています。収容所は都市の近くではなく、村落も近くにはありません。そのため捕虜たちは名古屋でのように収容所の外で働くことができません。こうした状況では、彼らにとって時間は限りなく長く感じられるでしょう。捕虜は、週にただ一度だけ、木曜日に散歩ができ、しかしそれも天気が良い場合のみです。その結果、彼らは収容所の外に出ることなく数週間を過ごすことが何度もあります。最後に、青野原収容所の日本の将校はドイツ語を知らず、また彼らを補佐する公式の通訳はあまり教育されておりません。そのために見張り役を託された収容所の兵士が捕虜たちとのあいだで許されている交友関係の確立ができないでいます。私自身、公使館の依頼で陸軍大臣が私を補佐するために同伴させて下さった官吏の援助があったにもかかわらず、日本の将校を十分に理解するには大変な困難を覚えました。青野原の将校たちは、名古屋の将校に比べると限りなく不愉快な感じで、極めて神経質で根気がなく、とくに大変疑い深い印象でありました。

不平は主に、収容所の外を散歩する機会が不十分なこと、許可される手紙が少ないこと、そして食糧に関することです。兵士たちはとくに、あまりにも単調で、貧弱なメニューに不満をもっています。日本の将校たちはこうした主張に異を唱え、極めて我慢のならない伝統に従って、長い資料を示し、私に捕虜兵たちの主張とは逆のことを理解させようと説得に努めました。ともかく、青野原の視察が私に名古屋と同じほどの好印象を残さなかったことについて、私は決して誇張しているわけではなく、上記のことが青野原の捕虜全般に共通する悪質な雰囲気を十分に示していることを認めざるをえません。

私が帰国するに際して、通常の方法で日本政府に報告書を送るよりもむしろ、その結果が保護されている人々が待ち望んでいるものとはおそらく異なるでしょうから、ドゥ・サリス公使閣下の許可を得て、参謀本部所属の捕虜に関する情報局長である竹上旅団長に受け取っていただくことをお願いしました。現在指揮する業務に新たに任命されたばかりの旅団長は、可能な限り捕虜たちの運命を改善するよう、なしうることをおこなうと私に約束して下さいましたし、私が旅団長に提示した視察結果をとても注意深く確認して下さいました。旅団長はほかのさまざまな収容所に関しても全体的でなおかつ詳細な調査をおこなうよう命じるところであり、私に必要な改善がおこなわれるであろうことを約束して下さいました。例えば、敵意を取り除くためには実際、捕虜たちに認められる自由を増やして、彼らの捕虜生活に一定の和らぎをもたらし、規律の厳しさをいくらかゆるめる必要があることを認めて下さいました。［赤十字国際委員会文書館　在日本スイス公使館　ドイツ国利益代表報告書　No. X.3.0.3.（一九一九年二月十八日付）］

捕虜の死と弔い

第一次世界大戦で、日本に収容された捕虜のなかで、姫路および青野原俘虜収容所では六名の兵士が亡くなっており、そのうち三名の兵士の遺骨が、祖国での引取り手がなかったためか、この地で眠っている。ヨハン・ヴィッター（ハンガリー）、テオフィル・ゴモルカ（オーストリア）、エロチ・アントン（イタリア）である。三名ともオーストリア＝ハンガリー帝国兵士として戦った。一九一七（大正六）年に作成された「捕虜名簿」では、前記二名の名前を確認できる。

この三名の墓は現在も姫路市名古山にある。三つの墓石のうち中央の墓石の正面に姫路城主だった酒井家の家紋が彫ってある。姫路俘虜収容所長だった野口中佐の先祖が酒井家の家臣だったことに由来する。そのためもあってこの三名の墓所は手入れが行き届き、大事にされている。

一九一八（大正七年）年七月二十九日に青野原俘虜収容所で井戸に身を投げて自殺した捕虜兵について、その経緯についてはすでに述べたが、自殺の原因を青野原俘虜収容所付の陸軍二等軍医三浦正義が詳しく分析しているので紹介しよう。

而シテ之カ死因ヲ探求スルニ本人ハ生来小心寡言沈鬱ナルモ交際ハ極メテ円満ニシテ所内別ニ敵トスル者ナシ平常長期ノ俘虜生活ヲ苦悶シ居タリシ

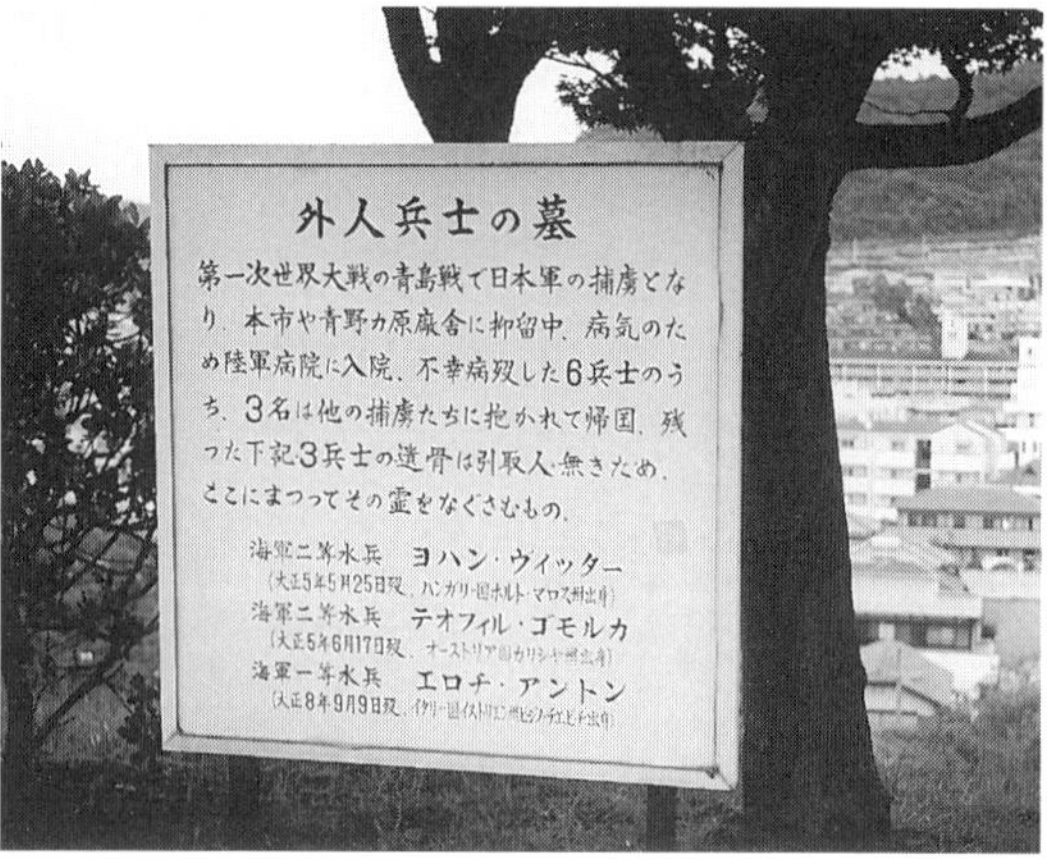
外人兵士の墓
第一次世界大戦の青島戦で日本軍の捕虜となり、本市や青野カ原廠舎に抑留中、病気のため陸軍病院に入院、不幸病歿した6兵士のうち、3名は他の捕虜たちに抱かれて帰国、残った下記3兵士の遺骨は引取人無きため、ここにまつってその霊をなぐさむもの。
海軍二等水兵　ヨハン・ウィッター
(大正5年5月25日歿、ハンガリー国ホルト・マロス州出身)
海軍二等水兵　テオフィル・ゴモルカ
海軍一等水兵　エロチ・アントン

姫路市名古山霊園陸軍墓地に残る捕虜兵の墓
正面に姫路城主酒井家の紋章があるのは、収容所長野口大佐が酒井家の家臣であったことによる。

カ最近一ヶ月其家郷ヨリノ音信ニ接スル為メニ本月初旬以来次第ニ憂鬱性ヲ帯ビ来リ他人ト言語ヲ交ユルヲ欲セス且読書労働共ニ之ヲ廃シ終日就床沈思空想ニ耽ルヲ常トセリ然ルニ両三日前其母ノ死ヲ夢ミ之ヲ悲観シ友人ニ対シ寧ロ死ノ数等勝レルヲ語リ居タリトイフモ未タ自殺的行為ヲ見ス死亡前夜モ特ニ変状ナク明朝起スヘシトテ他ニ先チテ就眠セリ而シテ死ヲ決行セシ時機ハ午前三時衛兵司令カ舎内巡視ノ際ハ何等異状ナカリシヲ以テ午前三時ヨリ同六時ノ間ト察セラル而シテ四囲ノ状況ニヨリ判断スルニ誤テ墜死セルモノトハ認メ難ク思フニ鬱憂性ニヨリ厭世自殺ト推定スヘキモノトス〔防衛省防衛研究所「俘虜死亡ニ関スル件詳報」『欧受大日記』大正七(一九一八)年欧受一二四〇号〕

捕虜間の紛争

オーストリア゠ハンガリー帝国の民族間の対立に起因する紛争については別に述べているので、ここでは私的な争い事について述べてみよう。はじめは、一九一五(大正四)年三月九日の船場本徳寺収容のオーストリア゠ハンガリー兵ヨーゼフ・ヘックの事件である。午後八時四十分の人員点呼後、ヘックは祖国のヨーゼフ祭に呼応して、収容所内で祝杯を挙げようとしてビールを買い集め、便所に立った留守中にそのうちの三本のビールが紛失していたことから起こった。ヘックは、同輩のメッスチルに嫌疑をかけて悶着となったところへ二等水兵サルナがなかにはいって二人をなじったため、サルナとヘックが喧嘩《けんか》を始めた。そこへヘックに味方して割り込んだスリッフェルが隠し持ったジャックナイフでサルナに切ってかかり右腕上腕部に重傷を負わせた事件である。この事件では、スリッフェルとヘックに処分が下されている。

捕虜は、一方では日本軍の管理下におかれていたのであり、通常の陸軍の駐屯地での場合と同様に、軽微な規則違反の場合は部隊長(収容所長)の権限によって処罰することができた。判明する限りの違反、処罰状況をまとめたのが、一二六〜一二七ページの表である。表中の「重営倉」は、下士・兵に適用される。謹慎は士官に適用される。士官には一般社会の禁固刑に相当する身体の拘束をともなう刑罰は適用されないためである。営倉処分には、そのための特別の施設が用意されたが、謹慎の場合は自室か、将校談話室が使用されることになっていた。

この営倉の施設について、捕虜から何らかの手段によってドイツ政府に要望が伝えられたようで、一九一八(大正七)年七月には営倉の施設について、ドイツ外務省から、利益代表である中立国スイス公使館を経由して抗議の覚書が外務省宛に提出されている。すなわちドイツ政府が接した報道によると、青野原俘虜収容所の営倉は狭隘《きょうあい》かつ冬場も寝具の支給が十分でない、とのことであり、この状況の改善のために、日本政府に「強硬なる要求」をしたい、というものであった。この覚書に対して、日本の陸軍省は、このドイツ政府が得た情報は何らかの誤報であり、懲罰の執行には人道上の顧慮を払っているとの回答を与えている。

青野原俘虜収容所において特徴的なのは、同盟国側の敗戦が決定的となった一九一八年九月以降、違反行為が頻発していることである。これは、敗戦による緊張感の喪失とともに、捕虜となったあとでも保たれていた軍隊秩序が崩壊しつつあることを示しているといえるだろう。このなかで、もっとも重く処罰されたのは、一九一八年十月三日に発生した、ドイツ歩兵伍長カール・シュン

1918. 8.29	泥酔のうえ四阿で就寝し点呼に出ず	重営倉 7 日	
1918. 9.25	消灯後四阿で飲酒	重営倉 4 日	4 名処罰
1918. 9.27	託送果物を誤って購入	重営倉14日	
1918. 9.27	四阿で火鉢を使用し料理	重謹慎 7 日	
1918. 9.30	舎内で放尿	重営倉 5 日	
1918. 9.30	点呼に整列せず	重営倉 5 日	
1918. 9.30	謹慎中にトランプ所持	重営倉 5 日	
1918.10. 1	点呼に遅れる	重営倉 7 日	しばしば注意するも無視
1918.10. 1	欠礼	重営倉 4 日	
1918.10. 3	所長代理を殴打	懲　役 2 年	
1918.10. 5	点呼時に勝手に解散	重営倉 5 日	2 名処罰
1918.10.11	点呼に出場せず	重営倉 5 日	
1918.11.25	点呼に遅れる	重謹慎 4 日	
1918.11.30	木炭の無断持出し	重営倉20日	
1918.12.24	点呼に遅れる	重営倉 5 日	
1919. 2.18	消灯後飲酒，命令不服従	重営倉10日	
1919. 3.12	消灯後四阿で飲酒	重営倉 4 日	
1919. 3.12	消灯後四阿で飲酒，上官を欺く	重営倉 7 日	
1919. 7.28	命令不服従	重営倉 5 日	
1919. 8.14	同輩を殴打	重営倉15日	

防衛省防衛研究所『欧受大日記』より作成。

年月日	事　項	処　罰	備　考
1916. 5.18	共謀して逃走を計画	重営倉30日	3名処罰
1916. 6.24	命令不服従	重営倉20日	
1916. 6.29	衛兵に対し侮辱的行為	重営倉20日	銃を足で蹴り倒す
1916. 7.12	官給品を毀損	重営倉10日	
1916. 9.16	罵倒的言辞を弄する	重営倉25日	「アナタ、馬鹿」などと
1916.12. 9	点呼に遅れる	重営倉 2 日	
1916.12.16	点呼に遅れる	重営倉 2 日	
1917. 6. 6	官給品を毀損	重営倉 3 日	4名処罰
1917. 6. 6	官給品を毀損	重営倉 2 日	
1917. 7. 9	日直下士に対し侮辱的態度	重営倉20日	玉突台修理をやめず
1917. 7. 9	上記事件の際，現場逃避	重営倉10日	
1917. 7.31	点呼に遅れる	重営倉 2 日	
1917. 9. 3	消灯後四阿で飲酒	重営倉 5 日	
1917. 9.28	点呼時に勝手に解散	重営倉 5 日	
1917.10.10	点呼時に勝手に解散	重営倉 5 日	
1917.11.30	監察官に対し侮辱的言辞	重営倉10日	
1918. 1. 4	消灯後音楽演奏	重営倉15日	
1918. 2.18	点呼に出場せず	重営倉 5 日	
1918. 7.25	泥酔の上哨舎内に闖入	禁　錮 8 月	軍法会議による
1918. 8.24	命令不服従	重営倉 5 日	
1918. 8.26	点呼に遅れる	重営倉 3 日	

捕虜の処罰

ケによる捕虜収容所長代理歩兵大尉長谷川馨に対する殴打事件である。この日の朝、長谷川大尉に欠礼した（平時から、士官には国籍にかかわらず相応の軍礼がおこなわれる）シュンケは、あらためて大尉の前に連れてこられた際の、「貴様ハ太〔ふと〕イデハナイカ」との大尉の注意に服さず、その顔面を殴打し、一週間の怪我を負わせた。彼には十月二十九日に第一〇師管軍法会議で傷害罪により、懲役二年が宣告され、姫路の衛戍《えいじゅ》監獄に収監された。姫路に開設されてから、青野原俘虜収容所の廃止までに、刑法処分として、軍法会議にかけられた重大な犯罪は、逃亡二・傷害二・違令一・衛兵侮辱一（シュンケの件）・逃亡未遂一・脱柵一（遊興目的）の八件九名、それ以外の収容所長が処罰したものは、七四名であった。

捕虜の脱走事件

一九一五（大正四）年二月、姫路の捕虜収容所では二件の脱走事件が起きている。最初の事件は、二十三日に発生した。午後九時景福寺収容中の「カイゼリン・エリーザベト」乗組員の兵曹アレンツ（二十歳）、リップスキー（二十歳）、カーン（二十歳）の三名が示し合わせて収容所から逃走し、飲まず食わずの徒歩で神戸へ着いた。そして二十四日夜出航の汽船モンゴリヤ号に便乗せんと企て、モンゴリヤ号に漕ぎ出したところを捕捉された。三名の所持金は、合わせて一円五〇銭で乗船を拒まれて落胆しているところを捕縛され姫路に連れ戻された［『神戸又新日報』一九一五年二月二十五日付］。

二件目は、翌日の二十四日に発生している。今度は、船場本徳寺で、二名の捕虜が監視兵の目を掠《かす》め逃走した。これもオーストリア＝ハンガリー兵で三等下士モストラー・アルイン（二十歳）、オルチッチ・ハイレリヒ（二十歳）の二名である。午後八時頃に収容所を抜け出し、二十五日の朝十一時三十分明石駅下り列車で拘束された。『神戸又新日報』の記事を見ると「最初景福寺より逃走したる三人組の捕虜の如きは収容所員、歩哨兵等は更に知らず、神戸水上署よりの照会に初めて夫れと気付」き、「本徳寺の逃走は二四日午後八時頃の出来事なるに翌朝午前七時頃に至り発見したりとは、暢気千万なる取締というべし」（一九一五年二月二十六日付）と、捕虜の待遇があまりに寛大であることを批判している。収容所では、脱走事件のたびに監視官より訓戒がおこなわれている。

数日後収容所指揮官がさらなる演説を行い、それを通訳係がほとんど不安げに、しかし慎重な顔つきで通訳を試みた。しかし、彼は彼の上司の多弁にほとんどついていけなかったので、演説は大部分が理解不可能なままであった。［「W・イエキッシュ氏資料」『AONOGAHARA捕虜兵の世界』(『小野市史』第三巻本編Ⅲ)］

監視官の訓戒は、通訳を通してのもので言葉が通じないため、十分意図が伝わったとはいえなかったが、以後脱走事件はなくなっている。しかし、このような捕虜の処遇についてはやがて批判も出てきたようである。「恐るべき問題が起こる」との見出しで『鷺城新聞』は、つぎのようなできごとを報じている。

福岡や名古屋あたりは余程だらしないようである。福岡の或る小学校の訓導から、「児童中には既に俘虜に就いて非常に誤った観念を持つものが出来て来た。あんなに優遇されるなら何も身命を賭して戦うに及ばぬと恐るべく厭うべき観念が彼等の戦争遊戯の中にまで顕われてきた。如何に修身課で忠君愛国の思想を注入しても目前の事実は百の教訓を打破する」と抗

議を持ち出したそうである。［『鷺城新聞』一九一四年十二月十一日付］

福岡では将校の使いとして収容所を抜け出した兵卒が、遊郭にあがり茶屋遊びに興じて小倉衛戍監獄に収監されたという事件が報じられている。

このように児童教育へ悪影響をおよぼすという批判まで受けるようになった捕虜優遇策であるが、ドイツ本国の対日感情は好転し、後日、日本政府へ感謝状が届いた。新聞記事は、「本邦が独逸捕虜に対する態度は、端なくも本国の多大なる感謝を表せしむる事実を生じ、是れ畢竟《ひっきょう》本邦が正義博愛を格守する当然の結実」［『鷺城新聞』一九一四年十二月二十九日付］と得意げに結んでいる。

青野原俘虜収容所の評価

青野原俘虜収容所は一九一九（大正八）年、第一次世界大戦の終結の翌年末にその役割を終えることになるのだが、四年間にわたる収容所としての役割を俘虜収容所自体はどう総括していただろう。

青野原俘虜収容所は「将来ニ関スル意見」で実際の収容所としての経験に基づいて、その反省のうえに立って、将来戦争が生じて捕虜を収容するときに考處すべきことを具申している。そのなかでまず指揮命令系統の混乱が指摘されている。つまり現行制度では俘虜情報局と俘虜収容所が並立しており、俘虜情報局自体は収容所に対して命令の機能を有していない。ところが捕虜に関する業務の過般は俘虜情報局によっておこなわれるので、収容所との交渉はここを通じておこなわれる。したがって陸軍大臣、軍務局、軍事課、俘虜情報局というラインを明確にして、各収容所をその下に置くよう提言している。

またスイス公使の国際赤十字宛報告に見られる青野原が都会から離れていることの問題点は、収容所自身にも認識されていた。「収容所ノ位置ハ素ヨリ繁華ナル市街地ヲ避クルヲ要スルハ勿論ナリト雖《いえど》モ」交通通信の便はやはり重要な役割を果たす。収容所がもっとも困難に感じたことは、郵便局が遠かったことだった。そのため例えば電報も郵便物と同時に配達されるため火急の用にまにあわないことがあった。また捕虜兵の荷物の発送、受取りが円滑にいかずに収容所職員が苦労したことが指摘された。また都会から離れているために食料品など必要な物資の調達にも苦労し、したがって高い物を買わざるをえないことにもなったことを指摘し、収容所の設置場所は市街地は避けなければならいかもしれないが、物資の集散地からは近いほうが好ましいことを提言した。

捕虜を労働力として使うことについても戸惑いがあった。例えば将校が何らかの労働をした場合にはその俸給の基準があったほうがいいのではないか、と提言している。基本的には将校には労働はさせないというのが国際法的な原則となるが、現実に労働をした場合にはただ働きにならないように、というのも現場からの声として理解できることである。また捕虜兵が働きに行くときに収容所が提供した衣服は捕虜の私物と考えるべきか、やはり官に属するものと考えるべきか原則を示してほしいと要求している。かなり細かい問題であるが、原則がないまま捕虜の労働力としての使用に直面した現場の困惑がみてとれる。

［防衛省防衛研究所「大正三年乃至九年戦役俘虜ニ関スル書類」『小野市史』第六巻史料編Ⅲ］

4
大戦の終結と帰還

一九一八年のヨーロッパ情勢

イタリアが連合国側で参戦したあと、一九一五(大正四)年に姫路の収容所内でオーストリア＝ハンガリー捕虜兵のなかのイタリア系捕虜兵に対する暴行事件が発生したことは、すでに述べたが、大戦も末期に近づいた一九一八(大正七)年七月十日、多くのオーストリア＝ハンガリーのドイツ系捕虜が同じ国のクロアチア系捕虜を襲うという事件が起こった。その背景を知るためには、もう一度ヨーロッパ情勢を見てみなければならない。

一九一七年にロシアで革命が起こると、そこで捕らわれていたドイツ、オーストリア＝ハンガリーの捕虜兵たちは、秩序がゆるむとともにさまざまに行動することになる。この年の三月(ロシア暦二月)に成立したロシア臨時政府はなお戦争継続の方針をとっていた。大戦の勃発とともに故国を発ち、亡命生活を送りながらチェコスロヴァキア国家形成に努力していたT・G・マサリクは、臨時政府との良好な関係を利用して、捕虜兵のうちチェコ系、スロヴァキア系の人たちから募って、チェコスロヴァキア軍団を形成した。ところが十一月(ロシア暦十月)にもう一度革命が起こってボリシェヴィキが政権につくと、捕虜兵をめぐる情勢は微妙に変化することになる。

まずボリシェヴィキ政権は講和をめざしてドイツ、オーストリア＝ハンガリーと交渉を開始した。それはロシアとドイツ、オーストリア＝ハンガリーとの戦線の消滅を意味していた。チェコスロヴァキア軍団は、ロシア内で存在する連合国側の戦力としてその価値を高めたが、ともあれそれが戦場で使用されるためには延々シベリアを通過し、極東から航路ヨーロッパへ向かわなければならなかった。チェコスロヴァキア軍団にとって長い東方への旅路が始まった。他方、シベリアに収容されていたハンガリー系捕虜兵を中心にボリシェヴィキに共感を寄せる者たちもいた。シベリア鉄道を使って東に向かっていたチェコスロヴァキア軍団は偶発的な事件をきっかけにハンガリー系捕虜兵と衝突し、それを契機に現地のボリシェヴィキ軍と争うことになった。このチェコスロヴァキア軍の救出を名目として日本はシベリアに兵を送ることになる。ここで注意しなければならないのは、捕虜兵のなかでチェコスロヴァキア軍団に組織されたり、ボリシェヴィキ軍に加わる者があったとしても、大多数の捕虜兵の望みは、できるだけ早く故郷に帰ることだった。ロシアとドイツ、オーストリア゠ハンガリーのあいだでの講和をめぐる交渉のなかでも捕虜の帰還について協議されたが、その結論が出る前からすでに捕虜兵たちは三々五々帰国を始めていた。

オーストリア゠ハンガリー政府は戦争が継続するなかで、帰国してくる捕虜兵をいかにもう一度戦場に送り込むか、という課題に直面した。政府はまず国境地域に帰還兵の受入れ施設を作り、帰還兵を収容し、虱《しらみ》の駆除をおこない、診察をおこなった。そのあと帰還兵は二週間ほど検疫所に留め置かれて、そのあと査問を受けることになった。査問委員会は参謀将校と二人の将校、二人の下士官から構成され、敵方へ逃亡しようとした事実はなかったか、捕虜になったときの振舞いに問題がなかったか、捕虜としての生活に問題がなかったかについて尋問がおこなわれた。一九一八年三月までに四万人を超える帰還兵が査問を受け、そのうち七〇八名が不当な振舞いがあったとして処罰された。問題なしと認められた帰還兵には休暇が与えられ、そのあとで原隊の後備部隊に編入されて再教育を受けることになった。

帰還兵の反乱

帰還兵をもう一度戦場に送り込もうとする政府の思惑は、つらい捕虜生活に耐えてもう一度故郷に帰ることを願って帰国してきた帰還兵に違和感を生むことになった。ある帰還兵はつぎのように述べている。

私たちを乗せた汽車はミンスクを越えて走り続けた。コヴェルで初めてオーストリア゠ハンガリー軍に出会った。私たちはウラディミール・ヴォリンスキの受入れ施設に収容されたがそこで五週間留め置かれた。その間に虱の駆除がおこなわれ、査問がおこなわれた。ただちに教練も課せられた。そうしているあいだに、私たちが長いこと留守にしているあいだに事態がすっかり変わってしまったことに気づかされた。人びとが私たちと接する

> ときに示す不信に満ちた態度は信じがたいほどだった。帰還兵を迎える人たちの態度は侮辱的で腹の立つものだった。国家の殉教者として帰還兵たちは長い期間予想もできない事態に耐えなければならなかった。それなのに帰国してみると、疑いの目で見られ、意地悪をされ、あざけられる。もう一度故郷に帰りたいと長いあいだ夢に見てきたのに、現実は幻滅であり、苦い思いがあるだけだった。［*In Feindeshand; die Gefangenschaft im Weltkriege in Einzeldarstellung* (Herausgegeben von der >Bundesvereinigung der ehemaligen österreichischen Kriegsgefangenen< in Wien), 2Bde.］

違和感をひきずりながら休暇を終え、後備部隊に復帰し、教練を受けた帰還兵たちは、もう一度前線に立たなければならない日が近づくと、つぎつぎと反乱を起こしていった。その例を二つだけ紹介しよう。シュタイアーマルク州の州都グラーツ近郊のユーデンブルク駐屯の共通陸軍第一七歩兵連隊後備大隊には一九一八年四月初めからロシアで捕虜だった帰還兵一三一人が編入されていた。彼らの規律は当初からゆるんでいたが、休暇期間が短かったことへの不満が強く、しかも休暇で帰った故郷で帰還兵たちが見たものは、家族の悲惨で困窮した生活だった。食糧事情の悪化がこれに加わった。一九一七年十二月二十六日以来、一人一日当りのパンの配給は四二〇グラムから三五〇グラムに減らされていたが、五月九日には二五〇グラムにまで引き下げられた。しかもこの措置は五月初めにさかのぼって実施されたため、五月九日に兵士が入手したパンは一人五〇グラムにすぎなかった。兵士たちは兵営周辺の住民に物乞いに行くありさまだった。しかも五月六日には新たに武器・弾薬が兵士たちに配られており、新たな出撃が予想され、兵士たちは心理的に追い込まれていた。一日一日が銃後で暮らす最後の日になる可能性があった。兵士たちはこの心理的圧迫から逃れるため、飲んで大騒ぎをするのが常だった。とくに五月六日から始まった皇帝週間では兵士たちの酒量が上がっていたが、その最終日の五月十二日夜十時に反乱は始まった。

一人の伍長が兵士に呼びかけた。「家に帰ろう。それはわれわれのためだけではなく、前線で戦っている仲間たちのためでもある。戦争は終わらせなければならない。立て、スロヴェニア人よ、兵舎を出よ」。アルコールの勢いも手伝って、兵士たちは酒保を襲い、ドイツ皇帝ヴィルヘルムとドイツ参謀長ヒンデンブルクの像をはがして踏みつけた。彼らは「スロヴェニア万歳、第一七連隊万歳」を唱えて街頭に繰り出し、町の中央にあった機関銃隊の兵舎を襲った。しかし機関銃隊の反撃にあって反乱兵士たちは鉄道駅と教会を襲った。十三日早朝まで略奪を繰り返したあとで反乱兵たちは町を離れて周辺の森に隠れた。この日の十二時過ぎにグラーツから治安部隊が到着し、五〇〇人の反乱兵が拘束され、十五日に始まった軍法会議では反乱側は一六人が責任を問われ、七人に死刑の判決が下された(一人は一〇年の禁固に減刑)。

五月二十三日には同じグラーツ近くのラートカースブルクの共通陸軍歩兵第九七連隊の後備大隊で反乱が起こった。この大隊もスロヴェニア系の兵士が多数を占めていたが、この日の夕刻、居酒屋に集まった兵士たちを前に、機動小隊の隊長が演説して、国家に対抗し、民族的な大義のために行動するよう呼びかけた。機動小隊が駐屯していた兵営の中庭は、実弾あるいは訓練弾を空に向けて撃つ機動小隊の隊員で埋まった。将校たちは帰宅途中であったり、居酒屋で屯《たむろ》していたが、この射撃音に驚いて町の中心地に急いだ。また機関銃隊に急を知らせると同時にグラーツの軍司令部に連絡して治安部隊の出動を要請した。

ラートカースブルクの反乱で
捕らえられ処刑される兵士

反乱兵士たちも兵営を出て、町の制覇《せいは》を狙ってスロヴェニア語で万歳を叫びながら町の中心に向かった。町の中心に先回りしていた将校たちと憲兵はピストルで威嚇《いかく》して、反乱兵士たちはいったん退却した。しかしボリシェヴィキ万歳、共和政万歳を叫びながら迂回して中心部に戻り、そこを制圧した。後備大隊で反乱に与《くみ》しなかった兵士が町の中心部に到着し、射撃を開始すると、反乱兵士たちは退散した。反乱兵士は兵営に戻ったがここでも体制側の兵士の抵抗にあってもう一度町の中心に戻って銃撃戦になったが、機関銃隊に封鎖され、夜明けとともに反乱兵士の多くは投降した。銃撃戦のなかで五人の兵士が死亡し、そのうち三人が反乱側だった。

グラーツの軍司令部から軍法会議のために派遣された司法官は、まず反乱失敗の原因として、将校と反乱に与しなかった兵士の素早い対応と治安部隊の早期の到着を挙げた。では何ゆえ反乱を即座に鎮圧できなかったのか、という疑問には、兵営に詰めていた下士官が反乱に共感していたり、恐れを抱いたりしていたから、と答えた。それでは反乱のそもそもの原因は何か。その問いに直接答える証拠はない、としながらも、司法官はつぎのような事情を挙げて原因を推量した。⑴機動小隊の多くが帰還兵であった、⑵帰還兵の首謀者のあいだでスロヴェニア民族主義への傾向がみられた、⑶ユーデンブルクの反乱との関係は立証できないが、その場合も反乱の加担者の多くがスロヴェニア系だった、ということと関係していると考えられる。

ラートカースブルクの反乱では一〇人の首謀者が軍法会議にかけられ、そのうち八人が銃殺刑に処せられた。

一九一八年七月十日の騒擾

オーストリア＝ハンガリー軍の帰還兵たちの反乱がどういう経路で青野原俘虜収容所に伝わったのかは詳らかではない。しかし一九一八(大正七)年七月十日に起こったことは、捕虜兵たちがそれに関する情報を得ていたことをうかがわせる。兵庫県知事から内務、外務、陸軍各相に宛てた報告(防衛省防衛研究所「俘虜紛擾ニ関スル件」『欧受大日記』大正七(一九一八)年欧受一一八六号)では大略以下のような経過があったことが読み取れる。その日の午後九時半頃、「ドイツ人」捕虜がオーストリア人捕虜「バチエリクスラウ」ほか二五名と喧嘩《けんか》になり、「バチエリクスラウ」が右手に負傷した。そのため「オーストリア人」は収容所構内の控え室に逃げ込み、居合わせた警察官、衛兵、収容所職員が彼らを保護し、仲裁にはいって十一時頃には騒ぎは収まったが、「オーストリア人」捕虜は「ドイツ人」捕虜と屋根を同じくすることを望まず、その日は衛兵詰所前で野宿した、というものだった。

この騒ぎの原因についてこの報告は調査中としつつもつぎのように分析している。オーストリア＝ハンガリー国内では最近反乱が起きてドイツ、オーストリア＝ハンガリーにとって不利な戦況になっている。反乱を起こしたのはオーストリア＝ハンガリーの「コロアツベン」であり、同じ収容所に収容されている「バチエリクスラウ」ほか二五名も「コロアツベン」に属して反乱を起こした者たちと気脈を通じていると考えて「ドイツ人」が憤激して二六名を襲った、と。捕虜兵の側の手記によれば、「七〇名」の「スラヴ系」の人たちが「三八〇人」の「ドイツ人」を恐れて夜の点呼に際して保護を求めて日本側の監視所へ行ったことになっている。三八〇名という数字はおそらくドイツ、オーストリア＝ハンガリーのドイツ系やハンガリー系など非スラヴ系の人たちの合計だろう。日本側資料の「コロアツベン」はおそらくクロアチア人を指すのだろうが「南スラヴ人」くらいの意味で使われたと思われる。

いずれにしても、オーストリア゠ハンガリーにおける帰還兵たちの反乱の知らせが青野原俘虜収容所の捕虜兵のあいだに伝わり、スラヴ系捕虜兵と非スラヴ系捕虜兵のあいだに亀裂が広がったことがうかがえる。

帰還の旅

第一次世界大戦は一九一八(大正七)年十一月に停戦、翌年六月と九月にそれぞれドイツ、オーストリアとの講和条約が調印された。講和後、捕虜の送還準備は着々と進められた。前述の通り、収容人員の三分の一ほどが講和前後に解放されていたが、残された捕虜たちのうち、本国に帰還する青野原俘虜収容所のオーストリア人・ドイツ人捕虜二二二名は、一九一九(大正八)年十二月二十七日、神戸から出航する喜福丸に似島・久留米の捕虜とともに乗り組むことになる。

一九一九年十二月二十七日に神戸を出航した喜福丸はまず青島《チンタオ》に寄港し、帰還兵たちは残してきた荷物を取りに行ったり、戦死者の墓に詣でるなど思い思いに与えられたわずかな時間を過ごした。このときの青島再訪からスマトラを経由して故郷ドイツのヴィルヘルムスハーフェンに着くまでの様子をもう一度ケルステンの手記で見てみよう［「ケルステン日記」『AONOGAHARA捕虜兵の世界』（『小野市史』第三巻本編Ⅲ）］。

一九一九年十二月二十九日晩頃に我々は青島に接岸した。既婚者の親族は乗船が許されたが、我々には下船は許されず、岸壁への出口は有刺鉄線で遮断され、訪問者のために一部開けられている所は厳しく監視されていた。しかし我々は青島の港を我々の監視者よりはよく知っていた。下船することは厳しく禁じられていたにもかかわらず、日が暮れるとすぐに私と共に約一〇人の男が中国の都市青島に繰り出すこととなった。中国人は我々ドイツ人を見ると、友好的なはしゃぎぶりを示したり、歓声をあげたりし、その中を我々は歩を進めた。たちまち我々は何百人という群衆に取り囲まれ、手足にキスをされたり、抱きしめられたり、質問されまくったりした。おまえ達はまたここへ？　膠州《こうしゅう》はもう一度ドイツのもの？　軍曹のXは

帰還兵を乗せて
神戸港を出港する喜福丸

また来ているの？　女性のYさんはまたここへ来ているか？　我々はまたおまえ達ドイツ人の下で働けるのか？　パンはまた五セントになるのか？我々はまた三〇セント稼げるのか？　我々の稼ぎは二〇セントどまりで、パンは一〇セントもする！　大尉のZはどこにいるの？　質問はとどまるところを知らなかった。その間に何千もの人が我々の周りに集まり、何度も歓声がわき起こった。おそらくそれが日本人刑事の関心を引いたようで、彼は突然私たちの隣に現れると、質問してきた。「あなた方はドイツ人？」我々は彼を無視した。ひょっとしたら彼は既に以前にも質問してきたかもしれないからだ。一人の中国人が手で彼を指し示して、我々に言った。「彼が、君たちがドイツ人かどうかを知りたがっているよ。それを我々が彼にじかに言ってあげよう」。呼びかけに対して中国人が我々の通る道を作ってくれ、それを通って我々は、今や中国人に取り囲まれ罵声《ばせい》がひどくなっていった状態から逃れられた。その後我々は中国料理レストランに入ったが、そこには中国人が次から次へと入ってきて、我々の卓の傍らを通り過ぎていき、すぐに満席となってしまった。我々は飲食代を払う必要がなかった。我々が船にこっそり帰ったのは、かなり遅くだった。翌日半分が休暇を取り、翌々日にもう半分が休暇を取った。私は自分がいたビスマルクベルク砲兵隊を見学に訪れた。そこはまさに、オーストリア＝ハンガリー軍が砲を破壊して陣を放棄した時のままであるかのように見えた。イルチスの兵営に私は自分の部屋を訪れた。日本兵は私に親切だった。ロッカーはすべて部屋から離れていたので、部屋にあったものはすべて壁際に集められていた。兵士の持ち物もそこにきちんとそろえて置かれていた。私は戦死した仲間の墓を訪れてその日は終わった。五時頃には全員が帰っていなければならなかった。船を訪れた者は六時頃には下船しなければならなかった。ここで我々は一九一四年以来初めてドイツ人女性の声を聞いた。それからは何日も仲間は冗談で女性の高い声でしゃべった。

青島を含む膠州湾地方は一八九七年十一月にドイツ海軍により占領され、一九一四年秋にドイツ軍が日本軍に敗れるまでドイツの租借地となった。その後一九二二年に中国に返還されるまでは日本の統治下にあった。膠州湾地方を植民地化したドイツと中国の関係ははじめ敵対的だったが、やがて中国は主権を回復するためにこの地域を梃子《てこ》に内政改革を進め、経済の振興を図った。政治的にも実質的にこの地域の「中国化」が進行していた。ドイツは政治的な影響力の減少の代償を「文化」に求め、教育や医療に力を注いだ。日本の統治もドイツの統治の一定の継承のうえに成立していた。政治的には主権を回復した中国と経済活動を活発化させた日本とドイツの三者の微妙な関係のもとで大戦間期の青島の経済発展があった。この叙述はその微妙な関係を的確にとらえている。

喜福丸はスマトラに向かった。「キフクマル」をドイツ語に直すと「幸福の船」となる。四八〇〇人の乗員のうち約八〇人が蘭領インドネシアに留まった。大抵の者は税関職員や郵便局職員だったが、事前に申告していたよりも多くの人が留まった。私は警察に当地に留まる条件について問い合わせてみたが、警察の担当者は「ここにいる人たちは、いわゆる文化の果ての地にやって来て、単調で現地人の復讐《ふくしゅう》心にさらされた危険な生活を送っているのだ」と言って、ここに留まるのは止めるように言った。私は給料について聞いてみた。大体本国と同じくらいという返事だった。バナナやココナッツやコショウの大農場を散策しながら、欲しいだけのバナナをいくらでもただで食べられる、ただし一緒に持っては帰れない。三セントで農夫が子供を二〇メートル以上もあるココヤシの木に登らせて、斧でたちまちたくみに実を下に切り落としてくれた。斧を後で下に投げ落とし、彼が再び下に下りてくると彼の父がすでに実を飲める形にしていた。

喜福丸はスマトラからインド洋に出た。インド洋で帰還者のなかで死者が出て水葬に付さなければならなかった。紅海から見るシナイ山は雪に覆われていた。喜福丸はスエズ運河を通って地中海に出、さらにジブラルタル海峡を通って大西洋に出、ドーヴァー海峡を通って日本を発って六三日後にドイツのヴィルヘルムスハーフェンに到着した。帰還者にとって五年半ぶりに見る故国は敗戦の貧困のなかにあった。

オランダの海岸が近づくとハーグの灯船から水先案内人が我々の船に乗り込んでくることになっていた。船と水先案内人が見つからないので、晩の九時に錨を下ろし、位置を教えてくれるよう頼んだ。彼らが言うにはハーグの灯船から一八海里北東であり、まだ除去されていない機雷の中にいるとのことだった。日中にさらに可愛らしいテリヤ犬が船に乗り込んできた。二個の空のバケツを持って走っていた仲間が、舷側では満杯のバケツ一つだけを持って行って、片手は綱を離さないようにと忠告された。彼はそれを実行しなかった。我々が約一〇人の男と操船室で立っていて、機関室の屋根の覆いによって嵐や砕け波から守られ、手すりの棒につかまっていた時、一〇メートルもの高い波を見た。その時彼は二つの満杯の桶を抱え、綱につかまっていなかったので、横揺れによってデッキに投げ出され、排水溝に滑り落ちて、手すりをすり抜け落下したが、丁度何とか排水溝の端につかまることができて、彼の体全体が船の外に吊るされる状態になった。我々はデッキの上を滑っていって、横になって彼の脇の下をつかんで、彼を船上に引き上げようとしたがうまくいかず、あと二人の男の応援を得てやっと彼を助けることができた。

翌日以降も我々は水先案内人なしで、再度ブリッジの上にドイツ人を乗せ、風力七の中を航行していたが、近代的なアメリカの貨物船と出会うという幸運に恵まれた。その貨物船は同じ進路を取っていたので、我々にとっては水先案内人の役割を果たしてくれた。その貨物船は速度を抑えていたので、猛吹雪や悪視界の際もついていくことが出来た。この貨物船が同じ日にヘルゴラント近くで機雷に触れて沈没したということである。日本を発って六三日後、我々はヴィルヘルムスハーフェンに上陸した。我々が当地の水門に入ると、腹をすかした子供が我々にパンをねだった。この数日興奮することが続き、また故国を前にして興奮していたため、パンの消費が減って余っていた。そこで我々は白パンを水門の貯水池の端に向かって投げた。我々の眼前で起こったことを、私は生涯忘れないだろう。パンを投げると、ドイツの水兵、兵士がパンに向かって突進し、子供たちをおしのけてパンを奪い合ったのである。その時私はデッキの下へ飛び込んで、しばし泣かざるを得なかった。三〇分後、私は再び上へ行き、そこで仲間が私に、男女二人にケルステンは乗っているのかと聞かれたと、言った。ハイと返事したということだった。第五列を右舷側に沿って走りながら、数メートル毎に、ケルステンのことを尋ねたものがいなかったか聞いて回った。そのうち心当たりのある人が現れ、二人の男女はさらに船尾方向へ行ったと教えてくれた。やがて私は群集の中に、レーエで海軍准士官をしている私の兄と、ハノーファからやってきた私の姉がいるのを見つけた。彼らは私を迎えにやって来たのだが、私の船が二日遅れで到着したため、義理の兄弟たちはもう当地を離れていた。私達は六年以上ごしの再会だった。三日後の二月二九日、私は除隊となった。私は自分の姉妹や親戚を全員訪れた後、一九二〇年三月二〇日に再びベルリンへと帰った。

八六年目の演奏会

一九一九(大正八)年三月三十日、青野原俘虜収容所では帰還を待つ捕虜兵たちの軍楽隊の演奏会が催された。その演目は、

一、トマ『歌劇「レーモン」序曲』
二、ヴュータン『レヴリ』
三、グリーク『ソルヴェイグの歌』
四、ベルリーニ『歌劇「ノルマ」序曲』
五、ヴァーグナー『巡礼の合唱』(歌劇「タンホイザー」)

六、シューベルト『軍隊行進曲第一番』だった。

二〇〇五年十月十日、兵庫県小野市のうるおい交流館「エクラ」でこのときの演奏会が八六年の星霜をへて再現された。それは地域の歴史を市民一人一人が再認識するプログラムのなかに位置づけられていた。青野原に第一次世界大戦時に置かれた捕虜収容所もなかば忘れられた存在だったが、市史編纂の過程で明らかになった地域とのかかわりをしっかり地域史のなかで考えていこうとするものであった。またこの再現コンサートは「ふるさとをしのぶ音楽会」と題しておこなわれた。十九世紀ノルウェーを代表するグリークの『ソルヴェイグの歌』は、イプセンの戯曲に基づく劇音楽『ペール・ギュント』のなかで、旅に出たまま帰ってこない恋人を待ちわびてソルヴェイグが歌う曲である。そこに戦争に出たまま帰ることを許されなかった自分たちの姿を投影しながら帰りを待つ故郷の人びとに思いを馳せていると考えたからである。そして一九一九年のコンサートは、シベリアで苦境にある同じオーストリア旧捕虜兵のためのチャリティコンサートと銘打っていた。そのあたりの事情は「一九一八年の

一九一九年三月三十日に青野原俘虜収容所で捕虜兵によっておこなわれた演奏会のポスター

神戸新聞 2005年（平成17年）10月12日 水曜日

「俘虜の音楽会」再現

86年前 青野原で独兵ら演奏

青野原俘虜収容所での音楽会を再現する神戸大交響楽団＝小野市うるおい交流館エクラ

第一次世界大戦中、小野・加西市境に開設された青野原俘虜収容所で、ドイツ、オーストリア人兵によって催された慈善コンサートを再現する「ふるさとをしのぶ音楽会」が十日、小野市うるおい交流館エクラで開かれ、故郷や友を思い奏でられた八十六年前の音色が、約三百人の観衆を魅了した。（和田和也）

小野市と神戸大 史料もとに6曲

同収容所での生活実態などを資料・写真で紹介する小野市立好古館の特別展「青野原俘虜収容所の世界」の関連事業。小野市と神戸大は今年一月に地域の歴史などを共同で研究し、活性化に生かす学術交流協定を結んでおり、特別展と音楽会が第二弾企画となる。

特別展にも出展されている「一九一九年三月三十日」開催の音楽会のチラシをもとに、同じ六曲を再現。ほとんどが交響曲やソロ曲だが、当時は海軍軍楽隊の演奏だったとみられるため、神戸大の田村文生助教授が吹奏楽向けに編曲した。

演奏に先立ち、オーストリア大使館のアルノルト・オーバーマイヤー文化担当官が「音楽会が小野市とオーストリアの関係がさらに強く発展させる契機になってほしい」とあいさつ。特別展の共同調査に当たった神戸大の大津留厚教授（西洋史）が「チラシには『シベリアで苦しむ戦友のために』と記されており、解放を願った心境がうかがえる。音楽を通じて平和の意味をもう一度考えてほしい」と呼び掛けた。

続いて、田村助教授の指揮で神戸大交響楽団の管楽パートの約三十人がシューベルト「軍隊行進曲第一番」やワーグナー「巡礼の合唱」、グリーグ「ソルベーグの歌」などを次々と演奏。観衆らはじっと目を閉じながら〝平和を願う調べ〟に聞き入っていた。

2005年10月10日
小野市うるおい交流館エクラでおこなわれた
再現音楽会を報じる『神戸新聞』

ヨーロッパ情勢」の項（一三四頁以下）で詳しく述べたので繰り返さないが、青野原俘虜収容所が常に世界のなかで動いていたことを如実に物語るものであった。

一九一五（大正四）年から一九年に青野原俘虜収容所を舞台に展開されたさまざまなできごとは、そのときそれがユーラシア収容所群島の一翼を担う存在として、したがって「世界戦争」の一環として初めて理解できるものだった。またそれは現在にもおよぶ戦争捕虜の問題への比較の視座をも提供してくれる。まさに「地域のなかの世界史」がそこにある。二〇〇八年にはウィーンで青野原のオーストリア＝ハンガリー兵の生活を描く「里帰り展示会」を予定している。青野原から見える世界がまた一つ広がるだろう。

あとがき

二〇〇二年五月二十五日、私たち小野市の市史編纂グループはお隣の加西市青野原にある民家を訪ねました。青野原は小野市と加西市にまたがる地域ですが、小野市の市史編纂の過程で一つの史料が持ち込まれたことがそのきっかけでした。父君が徳島県板東の収容所に収容されていたディルク・ファン・デア・ラーン氏は第一次世界大戦のときに日本で捕虜だった人たちの記録の収集をライフワークとしています。その過程で青野原で捕虜生活を送った一ドイツ兵の手記を発見し、それを小野市に寄贈したのでした。その手記は青野原俘虜収容所の生活をいきいきと描いており、それを訳し終えたとき、関係した人たちは現場を見たい衝動に駆られたというわけです。

そこで私たちは加西市青野原の民家を訪ねたのですが、そこで私たちは思わぬものを発見することになりました。そのときその民家で納屋として使われていた建物に残されていたという木の板を、見せていただいたのですが、そこには「青野原俘虜収容所新築工事」の文字が読み取れたのです。その納屋は間違いなく第一次世界大戦で捕虜収容所として使われた建物でした。さらに周辺には当時使われていたと思われる井戸やトイレなど収容所関係の遺構も確認されました。

第一次世界大戦が終わってから、その時点ですでに八〇年以上経過しており、捕虜収容所がそのまま放置されていれば、朽ちて跡形もなくなっていたでしょう。私たちにとって幸運だったのは青野原の地形でした。そこは少し高台になっており水の便が悪かったため、もともと農耕には向いていませんでした。しかし第二次世界大戦が終わって、職と食が求められたときに、青野原には灌漑施設が整えられて、入植者が開墾していきました。そのとき放置されていた収容所の建物は入植者たちが雨露を逃れる恰好の住処《すみか》でした。やがて人びとの生活が豊かになるにつれて、住居が建てられましたが、収容所の建物は納屋としてなお活用されて生き延びることになりました。第一次世界大戦の捕虜収容所の現物を前にして私たちはそこで生活していた捕虜の人たちのことをもっと知りたいと思うようになりました。この本はそんな私たちの思いから生まれた中間報告です。

本書の成立にあたっては多くの人の助力をお借りしました。なかでも小野市の市史編纂をリードした石野茂三市史編纂室長(当時)、神戸大学文学部の奥村弘氏の励ましがなければこのようなかたちで市史編纂過程の成果の一部が公刊されることはなかったでしょう。また第一次世界大戦下日本におけるドイツ捕虜兵の存在を徹底して追究しようとするラーンさんにも多くのことを教わりました。そもそもラーンさんが資料を小野市に提供することがなければ、おそらく青野原俘虜収容所の存在は今でも認識されないままだったでしょう。オーストリア国家文書館では「カイゼリン・エリーザベト」の軌跡と捕虜兵の帰還に関する資料の閲覧に関して、ジュネーヴの赤十字国際委員会中央文書館では捕虜収容所に関する調査記録の閲覧に関して便宜を図っていただきました。さらに強いリーダーシップで小野市立好古館での展示会、エクラでの演奏会を実現させていただいた大村敬通好古館館長、見事に演奏会を再現して下さった神戸大学交響楽団の方々、とくに指揮していただいた神戸大学大学院人間発達環境学研究科の田村文生氏、楽しく曲目の解説をしていただいた神戸大学大学院人文学研究科の長野順子氏にお世話になりました。また大阪外国語大学大学院言語社会研究科博士前期課程の藤原早穂氏、神戸大学文化学研究科博士課程修了、ドイツ・ハンブルク大学哲学博士の西田慎氏には捕虜の手記を適切な日本語に直していただきました。フランス語文書に関しては、神戸大学大学院人文学研究科小山啓子氏にご教示いただきました。ここに記して感謝の意を表します。

本書のうち姫路の収容所に関しては姫路市市史編集室の藤原龍雄が担当し、日本陸軍の捕虜政策に関しては京都府立総合資料館歴史資料課の福島幸宏が担当し、オーストリア＝ハンガリー帝国との関係に関しては大津留厚が担当しました。本書は三人の共同作業の成果でありますが、大津留が全体をとりまとめました。

二〇〇七年秋

著者を代表して　大津留　厚

参考文献

文書館史料

Österreichisches Staatsarchiv, Kriegsarchiv（オーストリア国家文書館陸軍省関係文書）

Haus-, Hof- und Staatsarchiv（ハプスブルク家、宮廷、国家文書館）

Archives du Comité International De La Croix-Rouge（赤十字国際委員会文書館）

小野市好古館

外交文書館

防衛省防衛研究所

公刊史料

新聞・雑誌

Die Baracke. Zeitung für das Kriegsgefangenenlager Bando, Japan. I (Sep tember 1917-März 1918) (Neu transkribierte Jubiläumsausgabe zum 50jährigen Bestehen der Stadt Naruto) (Naruto, 1998).

Der Plenny: Organ der Bundesvereinigung der ehemaligen österreichischen Kriegsgefangenen (1924-38).

『大阪朝日新聞』

『神戸又新日報』

『鷺城新聞』

手記・その他

Die Deutschmeister: Taten und Schicksale des Infanterieregiments Hoch- und Deutschmeister Nr. 4 insbesondere im Weltkriege, Wien, 1928.

Dobiasch, Sepp, *Kaiserjäger im Osten: Karpathen-Tarnow-Gorlice 1915*, Graz, 1934.

Geschichte des salzburgisch-oberöstereichischen k.u.k. Infanterie-Regiments Erzherzog Rainer Nr. 59 für den Zeitraum des Weltkrieges 1914-1918, Salzburg, 1931.

Internationales Komitee vom Roten Kreuz, *Dokumente herausgegeben wäh-*

rend des Krieges 1914-1918. Bericht des Herrn Dr. F. Paravicini, in Yokohama, über seinen Besuch der Gefangenenlager in Japan (30. Juni bis 16. Juli 1918), Basel/Genf, 1919.

Hephäst, *In russischer Kriegsgefangenschaft*, Wien, 1930.

In Feindeshand; die Gefangenschaft im Weltkriege in Einzeldarstellung (Herausgegeben von der >Bundesvereinigung der ehemaligen österreichischen Kriegsgefangenen< in Wien), 2Bde.

Kowalewski, J. Victor (Hg.), *Vergewaltige Menschen: Blätter aus dem Felde und der Kriegsgefangenschaft*, Wien/München, 1926.

Nowak, Victor, *Bilder aus der Erinnerung eines Austauschinvaliden: Erlebnisse Beobachtungen und Leiden in russischer Kriegsgefangenschaft*, Wien, 1917.

Sedlmayr, E. C., "Zur Verwendung der Kriegsgefangenen in der Landwirtschaft," Sonderabdruck aus der *Wiener Landwirtschaftlichen Zeitung* Nr. 1, 1. 1. 1916, Wien, 1916.

研究書

Bröckling, U. & Sikora M., *Armeen und ihre Deserteure: Vernachlässigte Kapitel einer Militärgeschichte der Neuzeit*, Göttingen, 1998.

Koch, Rudolf, Das Kriegsgefangenenlager Sigmundsherberg 1915-1919, Diss. Wien, 1981.

Krivda, Thomas, SMS "Kaiserin Elisabeth" als österreichisch-ungarisches Stationsschiff und dessen Besatzung in Ostasien unter besonderer Berücksichtung der Jahre 1908-1914 und der Kriegsgefangenschaft, Diss. Wien, 1991.

Leidinger, Hannes, Zwischen Kaiserreich und Rätemacht: Die deutschösterreichischen Heimkehrer aus russischer Kriegsgefangenschaft und die Organisation des östereichischen Kriegsgefangenen- und Heimkehrwesens 1917-1920, Diss. Wien, 1995.

Leidinger, H. & Moritz, V., *Gefangenschaft, Revolution, Heimkehr. Die Bedeutung der Kriegsgefangenenproblematik für die Geschichte des Kommunismus in Mittel- und Osteuropa 1917-1920*, Wien/Köln/Weimar,

2003.

Oltmer, Jochen (Hrsg.), *Kriegsgefangene im Europa des ersten Weltkrieges*, Paderborn/München/Wien/Zürich, 2006.

Plaschka, R., Haselsteiner, H. & Suppan, A., *Innere Front: Militärassistenz, Widerstand und Umsturz in der Donaumonarchie 1918*, I, Wien, 1974.

Przybilovszki, Inge, Die Rückführung der österreich-ungarischen Kriegsgefangenen aus dem Osten in den letzten Monaten der k.u.k. Monarchie, Diss. Wien, 1965.

Putkowski, Julian & Sykes, Julian, *Shot at Dawn: Executions in World War One by authority of the British Army Act*, London, 1989.

Sieche, Erwin, *Rot-Weiss-Rot auf gelbem Meer. Tsingtau 1914*, Wien, 1996.

Wassermair, Otto, Die Meutreien der Heimkehrer aus russischer Kriegsgefangenschaft bei den Ersatzkörpern der k.u.k. Armee im Jahre 1918, Diss. Wien, 1968.

大津留厚編・監訳、福島幸弘編『ＡＯＮＯＧＡＨＡＲＡ捕虜兵の世界』（『小野市史』第三巻本編Ⅲ　別冊）兵庫県小野市、二〇〇四年

習志野市教育委員会編『ドイツ兵士の見たニッポン――習志野俘虜収容所一九一五～一九二〇』丸善、二〇〇一年
藤原龍雄「第一次世界大戦と姫路俘虜収容所」『文化財だより』第五〇号　姫路市文化財保護協会、二〇〇三年
棟田博『板東俘虜収容所物語――日本人とドイツ人の国境を越えた友情』光人社、二〇〇六年

図版出典一覧

斉藤聖二監修『大正三年日独戦史写真帖』（『秘　大正三年日独戦史』別巻一）ゆまに書房、二〇〇一年［本書七・九頁］

Sieche, Erwin, *Rot-Weiss-Rot auf gelbem Meer. Tsingtau 1914*, Wien, 1996.［本書一三頁］

大津留厚『ハプスブルク帝国』（世界史リブレット30）山川出版社、一九九六年［本書一八・一九・二〇頁］

Geschichte des salzburgisch-oberösterreichischen k.u.k. Infanterie-Regiments Erzherzog Rainer Nr. 59 für den Zeitraum des Weltkrieges 1914-1918, Salzburg, 1931.［本書二二・二三頁］

藤原龍雄「第一次世界大戦と姫路俘虜収容所」『文化財だより』第五〇号　姫路市文化財保護協会、二〇〇三年［本書四七・一二二頁］

大津留厚編・監訳、福島幸弘編『ＡＯＮＯＧＡＨＡＲＡ捕虜兵の世界』（『小野市史』第三巻本編Ⅲ　別冊）兵庫県小野市、二〇〇四年より作成［本書六九頁］

In Feindeshand; die Gefangenschaft im Weltkriege in Einzeldarstellung（Herausgegeben von der >Bundesvereinigung der ehemaligen österreichischen Kriegsgefangenen< in Wien）, 2Bde.［本書七〇・七九頁］

防衛省防衛研究所『欧受大日記』［本書七七頁］

大津留厚編・監訳、福島幸弘編『ＡＯＮＯＧＡＨＡＲＡ捕虜兵の世界』（『小野市史』第三

巻本編Ⅲ 別冊）兵庫県小野市、二〇〇四年［本書九九・一四七頁］
Plaschka, R., Haselsteiner, H. & Suppan, A., *Innere Front: Militärassistenz, Widerstand und Umsturz in der Donaumonarchie 1918*, I, Wien, 1974.［本書一四一頁］
姫路市市史編集室蔵［本書三三頁］
兵庫県立歴史博物館蔵［本書三九頁］
個人蔵［本書六五・一〇〇・一〇二〜一〇九頁］
ハンス・ヨアヒム・シュミット氏提供［本書七一・八七・八八頁］
ディルク・ファン・デア・ラーン氏提供［本書一五六頁］
『神戸新聞』提供［本書一五七頁］
著者（大津留）作成［本書三二頁］
著者（大津留）撮影［本書一〇一・一一二頁］

historia

027

青野原《あおのがはら》俘虜《ふりょ》収容所《しゅうようじょ》の世界《せかい》

第一次世界大戦《だいいちじせかいたいせん》とオーストリア捕虜兵《ほりょへい》

2007年10月10日 印刷

2007年10月20日 発行

著者：大津留厚《おおつるあつし》
藤原龍雄《ふじわらたつお》
福島幸宏《ふくしまゆきひろ》

発行者：野澤伸平

発行所：株式会社 山川出版社
〒101-0047 東京都千代田区内神田1-13-13
電話03(3293)8131(営業) 8134(編集)
http://www.yamakawa.co.jp
振替00120-9-43993

印刷所：明和印刷株式会社

製本所：株式会社 手塚製本所

装幀：菊地信義

 ISBN978-4-634-49198-4

ヒストリア ［既刊27冊］

B6変形判 平均200頁
税込1365円〜1575円 ［ビジュアル版］税込1785円〜1995円

016 ヴァルド派の谷へ
近代ヨーロッパを生きぬいた異端者たち 西川杉子

017 ペルシア絨毯の道 モノが語る社会史 坂本 勉

018 ビアフラ戦争 叢林に消えた共和国 室井義雄

019 歴史書を読む 『歴史十書』のテクスト科学 佐藤彰一

020 ナポリのマラドーナ
イタリアにおける「南」とは何か 北村暁夫

021 ラテンアメリカ楽器紀行［ビジュアル版］
山本紀夫 著・写真

022 シェバの女王 伝説の変容と歴史との交錯 蔀 勇造

023 ヘロドトスとトゥキュディデス
歴史学の始まり 桜井万里子

024 共和国の女たち
自伝が語るフランス近代 長谷川イザベル 長谷川輝夫=訳

025 歴史がつくった偉人たち
近代フランスとパンテオン 長井伸仁

026 エトランジェのフランス史
国民・移民・外国人 渡辺和行

027 青野原俘虜収容所の世界
第一次世界大戦とオーストリア捕虜兵 大津留 厚

ヒストリア ［既刊27冊］

B6変形判　平均200頁
税込1365円〜1575円　［ビジュアル版］税込1785円〜1995円

001 ムハンマド　**イスラームの源流をたずねて**　小杉 泰

002 森と生きる　**対立と共存のかたち**　小山修三

003 武器を焼け　**ロシアの平和主義者たちの軌跡**　中村喜和

004 アンコールからのメッセージ ［ビジュアル版］
石澤良昭　写真=大村次郷

005 トラが語る中国史
エコロジカル・ヒストリーの可能性　上田 信

006 ナポレオン伝説とパリ　**記憶史への挑戦**　杉本淑彦

007 歴史学 未来へのまなざし
中世シチリアからグローバル・ヒストリーへ　高山 博

008 病と癒しの文化史　**東南アジアの医療と世界観**　大木 昌

009 カヌーとビーヴァーの帝国
カナダの毛皮交易　木村和男

010 シヴァと女神たち［ビジュアル版］
立川武蔵　写真=大村次郷

011 黒人王, 白人王に謁見す
ある絵画のなかの大英帝国　井野瀬久美惠

012 ステンカ・ラージン　**自由なロシアを求めて**　土肥恒之

013 ヴァイキングの経済学　**略奪・贈与・交易**　熊野 聰

014 魔術との出会い　**いま、再びルネサンスを**　澤井繁男

015 ヒマラヤの「正倉院」［ビジュアル版］
カトマンズ盆地の今　石井 溥　写真=大村次郷